东北旅游文创产品设计研究

卢 翼 著

中国商业出版社

图书在版编目(CIP)数据

东北旅游文创产品设计研究 / 卢翼著. -- 北京 : 中国商业出版社, 2025. 5. -- ISBN 978-7-5208-3413-1

Ⅰ. F592.73

中国国家版本馆 CIP 数据核字第 2025JM0759 号

责任编辑：林 海

策划编辑：佟 彤

中国商业出版社出版发行

(www.zgsycb.com 100053 北京广安门内报国寺 1 号)

总编室:010-63180647 编辑室:010-83118925

发行部:010-83120835/8286

新华书店经销

廊坊市广阳区九洲印刷厂印刷

*

710 毫米×1000 毫米 16 开 10.75 印张 150 千字

2025 年 5 月第 1 版 2025 年 5 月第 1 次印刷

定价:68.00 元

* * * *

(如有印装质量问题可更换)

前言

东北，这片广袤的黑土地，孕育了独特而丰富的文化资源。从豪迈的关东文化到神秘的萨满文化，从冰雪文化到工业文化，都为旅游文创产品设计提供了取之不尽的灵感源泉。然而，当前东北旅游文创产品同质化严重，缺乏地域特色和文化深度，难以满足游客日益增长的个性化需求。

本书以东北旅游文创产品设计研究为主题，旨在探索如何将东北地域文化元素与现代设计理念相结合，打造具有市场竞争力、文化感染力和艺术价值的旅游文创产品。本书共分为五章：第一章分析东北地域文创产品现状，指出问题并提出发展方向；第二章探讨东北旅游文创产品设计策略，从文化挖掘、市场定位、品牌塑造等方面提出建议；第三章阐述设计的基本原则与方法，为设计实践提供理论指导；第四章详细解析东北旅游产品设计流程，并结合案例进行说明；第五章通过具体的设计实践，展示如何将理论应用于实践，为东北旅游文创产业发展提供参考。

希望本书的出版能够为东北旅游文创产业发展贡献一份力量，也希望能够抛砖引玉，吸引更多专家学者和设计从业者关注东北地域文化，共同推动东北旅游文创产业走向更加美好的未来。

目 录

第一章　东北地域文创产品现状 ······ 001
一、东北地域文化特征 ······ 001
二、东北地域文化元素 ······ 003
三、东北旅游文创产品的特征 ······ 004
四、东北旅游文创产品的分类 ······ 006
五、东北旅游文创产品现状分析 ······ 008

第二章　东北旅游文创产品设计策略 ······ 011
一、提升东北旅游文创产品价值的开发方向 ······ 011
二、以消费者为导向的产品设计 ······ 013
三、以品牌经营为导向的产品设计 ······ 024
四、以文化为导向的产品设计 ······ 025
五、工匠精神促进价值提升 ······ 026

第三章　设计的基本原则与方法 ······ 028
一、设计的开始 ······ 028
二、设计思维 ······ 031
三、设计实验 ······ 038
四、设计方法 ······ 051

第四章　东北旅游产品设计流程……115
一、市场调研与目标确定……115
二、资源整合与创意构思……123
三、产品设计与开发……128
四、产品测试与优化……138
五、售后服务与持续创新……144

第五章　东北旅游文创产品设计实践……148
一、长白山天池主题文创产品设计……148
二、长白山高山红景天纳米冷制皂产品设计……152
三、吉林省特色非遗书签产品设计……154
四、长白山野山参主题产品 IP形象设计……156
五、东北年文化主题文创产品设计……157
六、校园主题文创产品设计……159

参考文献……163

第一章　东北地域文创产品现状

一、东北地域文化特征

在一个特定的区域内，经过长时间的沉淀及发展而形成的文化现象被称为地域文化，包括了历史、习俗、生产活动等方面的文化现象，当地人对这类文化现象表示认可和接纳，便成了当地的地域文化特征。在对当地的地域文化进行研究时，需要深入了解当地的历史背景，将当地的文化特征进行透彻的解析。通过对相关研究的总结和分析，不同地域文化的特征呈现出了不同的特点。

中国在地域划分上按照行政区划分的方式可分为华北地区、东北地区、华东地区、华中地区、华南地区、西南地区和西北地区。其中，东北地区包括辽宁、吉林和黑龙江三个省级行政区及内蒙古自治区东北部。在东北地区，地域文化有着独特性与鲜明性。经过较长时间的积累形成了一个相对稳定的文化状态，例如，东北地区由于地理环境特有的“白山黑水”而形成了独特的地理标志。“白山”指的是长白山，位于中国吉林省的东南部地区，是一座多次喷发的中心式火山，长白山不仅是松花江、图们江和鸭绿江的发源地，还拥有独特的自然景观，如天池、瀑布、雪雕和林海等。“黑水”指的是黑龙江，是流经蒙古国、中国、俄罗斯的国际河流。它有南北两个源头，南源额尔古纳河，北源克鲁伦河，以额尔古纳河为河源计算，全长约4440公里；以克鲁伦河为源头计算，全长5498公里。黑龙江流域面积185.6万平方公里，中国境内流域面积89.1万平方公里。该江流经黑龙江省、吉林省和内蒙古自治区，最终注入鄂霍次克海。

不同历史时期的地域文化不同，随着时间的推进，历史的进程在进步，同一地域的文化在不断变化中也存在着连续性和相似性，如同中国从古到今的悠久历史和地域文化也体现出了这一特征。地域文化在时间上具有连续性，通过世代传承得以延续。如同我们的非遗传承就是通过祖辈传承到父辈再到子辈，将古老的手工艺、传统习俗、民间艺术等文化元素在特定的地域得到了传承和延续。随着人口的流动、相互的交流以及现代传媒手段的不断发展，地域文化在不同的地区之间也得以传播和发展，从而得到地域间的文化交流与融合。在这种传播过程中，一些较为相似的文化元素将会在不同的地域出现并运用，就形成了文化交流过程中的相似性。例如，汉族的春节文化在中国的各个地方都会以不同的方式庆祝，虽然各个地方在庆祝的形式上会有所差异，但总体上都保留了对于春节文化庆祝方式的共同认知，这便是地域文化在传播过程中显现出的相似性。

每个地方都有自身的独特文化标志，这些标志不仅体现了当地的历史文化和自然景观，还反映了当地人的生活方式和精神风貌。例如，辽宁的文化符号有沈阳故宫、千山、医巫闾山、老虎滩、大笔架山、桓龙湖等景观，辽菜有小鸡炖蘑菇、老边饺子、沟帮子熏鸡等美食，还有二人转、铁岭小品、海城高跷、奉系军阀等人文特色。吉林的文化符号有长白山天池、松花湖、满洲国皇宫、丸都山城、六顶山、净月潭等景观，以及酱汤、延边冷面等美食，还有人参、紫貂皮、鹿茸、乌拉草、椴树蜜等特产。黑龙江的文化符号有太阳岛、中央大街、镜泊湖、五大连池、小兴安岭、珍宝岛等景观，以及哈尔滨红肠等美食，还有龙江剧、扎龙丹顶鹤、冰雕等人文特色。在设计具有地域性文化特征的文创产品时，强调这种独特性是非常重要的，这样就能够在市场竞争激烈的环境中脱颖而出。

总的来说，地域文化是一个综合性比较强的概念，这种综合性不仅体现了文化的多样性和复杂性，也为文化的传承和发展提供了广阔的空间和无限的可能性。东北地区作为独特的地理单元，在社会上享有较高的关注度，是地理环境、气候条件、历史沉淀、传统文化等多方面因素共同作用的结果。这些具有地域性的特色元素交织融合在一起，便打造出了现今东北地域文化特有的面貌。

二、东北地域文化元素

东北地域文化丰富多样，在历史与民族融合方面体现出多民族文化交融的特点。东北地区是一个多民族聚居的地方，如满族、蒙古族、朝鲜族、汉族等众多民族都聚居于此地。在历史的漫长发展过程中，各民族相互交融并形成了独特的地域文化。从当地人们的穿着服饰、建筑构建、民族习俗等文化符号中都可以提取出具有地域特色的文化元素，这些服装纹样、建筑装饰样式、少数民族特有的文化活动都体现了该地区的特色文化元素，通过这些特色文化元素的运用，将不同民族文化相互交融，既能够提炼出独具特色的设计元素，也能够丰富地域文化的内涵。早在旧石器时代东北地区便有了人类活动的遗址，旧石器时代早期遗址遍布辽河、松花江流域，其特征与北京猿人、山顶洞人的特征基本一致。除此之外，东北地区还有古代少数民族政权遗址等痕迹，这些遗迹都证明了东北地域文化的悠久历史和传承。

在饮食文化方面，东北地区极具特色。东北菜以浓郁的味道和丰盛的呈现方式而著名，例如，锅包肉、小鸡炖蘑菇、猪肉炖粉条等，皆为食材丰富、口味浓郁的美食。东北菜系的常见烹饪方式有炖、煮、蒸、炸等，在体现食材原汁原味的基础上也善于运用调味料来提升菜品的口味。例如，东北乱炖就是将各种食材放置在一起炖煮，形成一道营养丰富、味道浓郁的菜肴。

在艺术与娱乐方面，以传统的民间艺术及现代冰雪娱乐为主。民间艺术方面，二人转是东北地区最具代表性的民间艺术形式之一，二人转的表现形式及手法幽默风趣，深受东北人民的喜爱，其幽默的语言、夸张的表演和丰富的唱腔都使这种民间艺术不断发展和壮大。秧歌作为东北地区常见的艺术表现形式通常在农历正月十五的元宵节期间进行演出，一边唱一边跳的表现形式配合着锣鼓演奏，具有浓郁的东北地域特色。东北地区的地理位置决定了这个地方冬季寒冷的特点，这种寒冷的气候形成了独特的冰雪文化。在冬天人们喜欢滑冰、滑雪等冰雪运动和冰雕、雪雕等艺术表现形式。例如，哈尔滨的冰雪大世界，每年都会吸引大量的游客前来观赏游玩，近年来更是吸引了大量的南方朋友。

在风俗习惯方面，东北地区的人们有自己特有的祭祀活动和婚礼风俗。对于祖先或是自然神灵的崇拜与祭奠是东北风俗的重要组成部分，每逢年节人们都会举行盛大的活动。东北地区的这种祭祀活动不仅是对祖先的缅怀和纪念，更是对家族和社会团结和谐的促进。例如，在农历正月十五的元宵节，人们会举行盛大的庙会活动，焚香祈祷、舞龙舞狮、赏灯猜谜、品尝元宵等。又如，鄂伦春族人会在新年举行骑射比赛和拔河比赛，将青年男女组织到一起进行骑马和射箭的比赛，在比赛中获胜的人预示着会在新的一年中幸福美满。东北地区传统的婚礼有许多仪式，如订婚、择正日、迎亲、送亲、结婚、回门等，东北地区的传统婚礼仪式丰富多彩，这些仪式不仅体现了东北人民对传统文化的尊重和传承，也展示了他们对美好生活的向往和追求。

三、东北旅游文创产品的特征

东北地域辽阔且文化内涵丰富，历史文化底蕴深厚，在源远流长的东北地域文化中包含了从大东海文明到春秋战国时期再到近现代的文化传承。这些为东北旅游文创产品的设计提供了深厚的历史素材。例如，满族的服饰、建筑、习俗等可以作为设计元素运用到文创产品的设计中，这类产品的呈现能够让人们感受到东北的悠久历史。在东北地区不仅有满族，还有蒙古族、朝鲜族、汉族等众多民族，多民族的人们在此聚居形成各民族独具特色的文化传统和习俗，为文创产品注入了多样的文化元素，例如，满族的刺绣和剪纸，朝鲜族的歌舞、乐器和民族服饰，都成了文创产品设计过程中元素提取的主要来源。

东北地区拥有广阔的黑土地、壮丽的长白山脉、茂密的森林资源、辽阔的呼伦贝尔草原等自然景观，这些元素都可以运用到东北旅游文创产品的设计中。例如，以长白山作为主题设计元素创作绘画作品及摄影作品；以东北林海作为原始图案制作手工艺品；以呼伦贝尔草原为底图创作地毯、挂毯等室内装饰用品等，让人们通过具有东北地域特色的文创产品感受到东北地域的自然之美。由于气候条件的影响，东北地区冬季寒冷漫长，冰雪资源极其丰富，因此冰雪元素是东北地域文化中主要的组成部分。在设计文创产品的过程中自然少不了与冰雪相关的产品，例如，冰雪主题的陈设摆件、冰雕造型的饰品、雪花装饰样式的滑雪设施器具等，都可以作为与东北独特气候相关的设计元素。

将东北传统的手工艺与现代科技手段进行结合，让创意设计多种多样。例如，东北传统手工艺中的剪纸、刺绣、木雕等与现代科技理念相结合，创造出既能体现传统元素又符合现代审美需求的文创产品。例如，可以将东北剪纸艺术与现代平面设计相结合，提取传统剪纸纹样的同时运用现代工艺手段呈现出不同材质的剪纸纹样，制作出既具有剪纸特色又具有现代材质精致感的书签、格尺、贺卡等产品。其中，一些东北旅游文创产品在设计上比较注重趣味性与实用性的结合，例如，将有趣的东北方言或者其他的幽默元素呈现在服装、生活用品等产品上，这样的产品既具有趣味性又可以在日常生活中使用。东北地区特有的趣味性除了体现在方言上，还有一些体现在东北特色的动物或者植物上，像俗称“东北傻狍子”的西伯利亚狍就是非常受欢迎的动物形象，其天真可爱的形象加上东北冰天雪地的背景装饰，可谓极具趣味性。在产品的售卖和使用过程中，根据不同受众群体的需求会出现需要个性化定制服务的情况，游客可以根据自己的喜好选择不同的设计元素，包括图案、文字、材料及制作工艺等，定制一款独一无二的文创产品，这样既能够满足客户的个性化需求，也增加了产品的附加值和吸引力。

东北旅游文创产品应具有形式多样性，最常见的应属丰富的纪念品类产品。各种纪念徽章、冰箱贴、明信片、钥匙链等，都是非常具有代表性的纪念品类文创产品，这类产品的特点是小巧轻便，方便游客携带和运输，是最常见的东北旅游文创产品形式之一。陶瓷、木雕、金属工艺品等手工艺品通常具有较高的艺术价值和收藏价值，这类产品通常做工精美且能够体现东北地区的传统工艺水平和文化内涵。除此之外，我们还应该提供给游客生活用品类的产品，如具有东北民俗图案或景观的抱枕、水杯、丝巾等，将东北文化融入日常生活中，让游客在使用的过程中能够感受到东北文化的魅力。随着现代科学技术的发展，数字文创产品也逐渐走入人们的生活中，数字文创产品的兴起也受到了广泛的关注与支持。在设计过程中可以引入以东北文化为主题元素的虚拟现实体验、电子书画、数字游戏等，通过这种数字化的技术手段传播东北文化。

四、东北旅游文创产品的分类

1. 纪念品类

纪念章。在设计过程中可以利用东北的著名景点、地标建筑或特色文化符号作为创作的基础图案，通过艺术手段进行加工和改进制作成精美的纪念章。例如，沈阳故宫、长白山天池等景点都有此类纪念章，方便游客携带和收藏。

冰箱贴。无论在国内还是国外，选择在景区购买冰箱贴作为旅游纪念品的游客都非常多。这种产品形式多样、携带便捷，以东北的风土人情和自然景观等作为主题进行产品设计，可以呈现出的产品必定也是色彩鲜艳、实用性强且富有生活气息的。像东北雪乡的雪景、延边朝鲜族的人物歌舞、哈尔滨的特色建筑等，都可以运用到冰箱贴的设计中。

明信片。很多人在旅游的过程中都会购买一款具有当地特色的明信片作为纪念，通过邮寄的方式赠予亲朋好友，或者直接带回家作为纪念。将印有东北各地自然风光、民俗风情、特色建筑等精美场景画面的明信片作为纪念，必定会给各地游客留下美好的回忆。

2. 文化艺术品类

满族刺绣。满族刺绣以针法细腻、颜色艳丽著称，将东北的自然风光、人物形象、动植物元素等绣在丝绸等织物上，制作成围巾、手帕、香囊、吊坠等饰品，能够得到众多女性游客的喜爱。

满族剪纸。剪纸作为吉林省第一批非物质文化遗产，在东北地区是非常具有代表性的艺术形式，东北的剪纸艺术风格独特，常以东北民俗故事、花鸟鱼虫等元素作为题材，剪纸艺术品配合东北特色元素既可以作为旅游的纪念，也可以摆放在家中作为装饰品。

木雕作品。东北地区具有丰富的木材资源，人们就地取材制作出具有东北特色的木雕作品，如以东北虎等野生动物为题材的动物木雕作品，或以东北传统建筑为创作元素的建筑木雕作品，展现出了东北粗犷与豪放的创作风格。

朝鲜族人物及歌舞艺术品。东北地区有很多朝鲜族居民，他们分布在东北的各个地区，朝鲜族能歌善舞且精通多种乐器，将这些具有少数民族风情的元素运用在产品设计中，既能够通过朝鲜族鲜艳的色彩搭配吸引游客的目光，又能够将朝鲜族的特色文化传播到更多的地方，可谓一举两得。

3. 服饰与饰品类

东北地区的少数民族传统服饰可谓各具特色，将传统服饰进行改良和创新，既不失传统特色又彰显时尚气息。例如，满族旗袍通过现代改良后，保留了传统旗袍的优雅形式和精美刺绣，同时融入现代元素，时尚的现代感受到了年轻游客的青睐。很多以冰雪为主题的旅游场所都会提供特色帽子和围巾等取暖的服饰配件，以东北冰雪元素为灵感来源设计帽子、手套、围巾等，是冬季东北旅游的热门产品。

4. 食品类

在东北，特色的食品可谓琳琅满目。例如，哈尔滨红肠、沈阳中街大果、延吉冷面等，将其加工成精美包装的产品，既美观又方便游客购买和携带。各地都有当地的特色糕点，东北也不例外，如鼎丰真的糕点、丹东的板栗饼等，都是极其具有地方风味的糕点，也是游客品尝东北美食的优选。东北的酒类也是特色之一。例如，北大仓、老龙口等白酒历史悠久、口感香醇，是东北酒文化的代表。

5. 家具用品类

在东北地区松木、桦木等木材的原材料较为丰富，因而可以就地取材将其制作成实木家具，如松木床、桦木桌椅等，这类家具的天然木纹图案展现出质朴的风格，为家居生活环境增添了一份自然的气息和平和的氛围。很多国内外游客在旅游的过程中都会挑选一些室内陈设品带回家作为装饰摆件，因而可以设计以东北自然风光和民俗文化为主题的装饰画、装饰摆件等家具饰品，营造出独特的居住空间氛围。

6. 数字创意产品类

由于现代技术手段的不断发展和快速更新，各种数字创意产品逐渐出现在日常生活中。例如，虚拟现实旅游体验近年来在各地景区都陆续出现，通过 VR 技术让游客有一种身临其境的感觉，在室内就可以感受到东北的长白山天池、吉林市的雾凇、哈尔滨的冰雪大世界等，冰雪运动的爱好者还可以在室内体验东北的冰雪运动项目，为游客带来了全新的游玩体验。以东北旅游为主题的手机 App 开发近年来逐渐在各个景区普及，这项数字产品能够提供景区导览、文化介绍、美食推荐等功能，为游客在旅途中提供了方便。

五、东北旅游文创产品现状分析

1. 东北旅游文创产品发展优势

东北地区拥有其独特性，在自然风光、民俗风情、历史文化等方面都十分有特色，如满族、朝鲜族、蒙古族等少数民族特色，又如，二人转、秧歌等民间艺术表演形式，以及森林、草原、冰雪等自然资源都为东北旅游文创产品提供了丰富的创作素材。通过长期的努力，东北地区逐渐形成了集影视娱乐、动漫娱乐、文化旅游等于一体的文化创意产业体系。东北地区的一些主要城市在文化创意产业的发展过程中，都体现出一定的实力，沈阳、长春、哈尔滨等城市成了文化创意产业发展基地，为东北旅游文创产品的发展提供了无限可能。近年来，国家和地方政府出台了一系列对于文化创意产业扶持的政策措施，为东北旅游文创产业的发展提供了有力的保障。

2. 东北旅游文创产品发展劣势

东北旅游文创产品发展过程中存在着一些普遍性的问题，其中有部分文创产品在设计阶段和产品开发阶段缺少新意，不但创新程度不够，还存在着模仿甚至抄袭的问题，导致市面上很多文创产品都有同质化的现象，这样缺乏新意的产品难以满足游客的需求。

产品的质量方面已存在着不足，一些文创产品在材料选用和制作工艺选定等方面都或多或少存在着一些问题，这种情况导致产品质量不过关，影响了消费者对此类产品的购买意愿，同时也削弱了此类产品的市场竞争力。

东北地区的旅游文创产品与国内其他地区相比较，其影响力和品牌知名度都相对较低，在各地旅游行业争奇斗艳的现状下缺乏具有一定知名度和业界影响力的企业作为支撑。想要发展就必须吸纳人才，相关行业应该大量吸纳包括设计师、营销策划人员、管理人员等，这样不仅能解决东北旅游文创产业的发展壮大问题，也能在一定程度上解决东北地区人口流失的问题。

3. 东北旅游文创产品发展机遇

随着人们生活水平的不断提升，人们对于旅游的消费观念也有所转变，国内的旅游市场正在以较快的速度增长，对于东北地区这样一个既有自然景观特色又有人文景观特色的地方，无疑具有很大的发展空间。曾经经济拮据的人们如今经济水平有所提升，对于旅游消费方面也从刚需消费转变成文化消费和服务消费，游客对于文化产品和服务产品的消费需求不断提升，更加注重文化内涵和个性化体验。如今互联网、大数据、人工智能等新科技不断发展，如何将旅游文创产品与科技融合创新就成了行业发展的重中之重，科技的快速发展为文创产品的设计、生产、销售和传播带来了历史性的新机遇，为东北旅游文创产品的发展提供了动力的同时，也推动了文创产业与其他行业的融合发展。

4. 东北旅游文创产品面临的挑战

目前各地文创产业迅速发展，市场竞争日益激烈，东北旅游文创产业面临着巨大的挑战。随着文创产业的迅速发展，各地纷纷增加对文创产品及相关产业的资金投入和开发力度。知识产权保护不力的现象不仅损害了创作者的合法权益，也影响了企业对于产品创新的积极性。曾经对于知识产权保护意识淡薄的从业人员也逐渐有了法律意识，对于产品的侵权盗版现象也有了一定的措施，这样便可以使文创产业的市场健康发展。在信息快速更新迭代的时代，消费者对于旅游文创产品的需求和喜好也在不断变化，这就要求产品的形式能够及时跟上市场的变化不断推陈出新，这就需要从业人员对于市场的洞察力和对产品的创新能够提出更高的要求。

第二章　东北旅游文创产品设计策略

一、提升东北旅游文创产品价值的开发方向

1. 挖掘文化内涵与特色

东北地区拥有着丰富的文化内涵与特色，深入挖掘这些文化元素并融入文创产品的设计，便可以得到具有文化底蕴的文创产品。从民俗文化角度挖掘，少数民族的传统文化是最具特色的元素之一，将满族、朝鲜族、蒙古族等少数民族的特色设计元素运用到服饰、饮食、歌舞、手工艺等载体中，便可得到具有文化内涵与特色的东北旅游文创产品。东北二人转、秧歌等民间艺术形式也是东北民俗文化极具特点的表现形式，通过对表演人物的特色服饰、舞蹈动作、人物神情等内容的刻画，便可生动地表现出此类民间艺术形式的精髓。游客对于这类有文化内涵、有地方特色、有情感输出的旅游文创产品认可度必定会提升。

利用东北独特的冰雪资源是一个较为有价值的开发方向，就地取材、就地取景、就地取物，让每一处冰雪资源都得以充分利用。例如，设计冰雕、雪雕、冰雪景观等形式作为图案运用到家具用品、饰品、文具等产品中。还可以结合冰雪运动，为体育爱好者和冰雪运动爱好者提供冰雪主题的运动装备、服饰、纪念品等。

2. 创新设计与表现形式

对于现代旅游文创产品的设计，既要保留当地原有的文化特征，又要适当地融合现代设计理念和设计手法。对于产品而言，应该实时更新设计理念和优化制作工艺流程。例如，将传统年画元素与现代的视觉传达设计相结合，创造出具有时尚感和现代气息的产品；将传统的东北剪纸作品运

用到书签产品中，用金属材质替换传统剪纸的纸制品，创造出既有传统元素美感又有现代使用功能的产品；将东北地区的传统建筑风格融入现代居住空间的室内装饰构件，创造出具有传统空间美学和现代精致工艺的产品。

在现代快节奏的生活中，对于人们来说实用性是非常重要的。在产品设计过程中应该拓展产品的功能与形式，开发出具有实用功能的文创产品，而不仅仅是纪念品、工艺品、装饰品等只具有观赏价值而没有实用价值的产品。例如，以查干湖冬捕为主题的餐具器皿，尤其是在年节时利用率十分高的鱼盘；以长白山民间故事为主题内容，设计益智玩具、拼图等；以东北二人转、秧歌等民俗表演为主题，开发具有互动体验功能的文创产品，让游客在体验过程中还能够学习了解东北文化。

3. 提升产品的品质与工艺

对于利用传统手工艺制作出来的文创产品，要注重原材料的选用，尽可能使用环保、高品质的原材料，以确保能够呈现出传统工艺的精髓。对于利用现代科技手段制作的产品要严格把控工艺流程，在技术手段上不断创新和改良，提高产品的精细度和质量的稳定性。无论是设计流程、生产流程、销售环节，还是售后服务方面都要进行严格的把关，确保产品符合质量要求，以达到提升消费者信任度和满意度的效果。

4. 拓宽销售渠道与营销方式

在东北旅游文创产品的销售渠道方面，以网络平台为基础开展线上、线下销售，通过官方网站、电商平台、社交媒体等渠道进行推广，扩大产品的销售范围和影响力。与此同时，在东北地区各大旅游景区、机场、高铁站、酒店等场所设置线下实体店进行售卖，方便游客随时购买。打造具有东北特色的文创品牌，通过品牌故事讲述、品牌形象塑造等方式提升东北文创品牌的知名度和美誉度。参加国内外的相关行业展会、创意设计大赛等活动，推广东北地区的文创品牌，展示东北地区的文创产品。通过行业展会等活动契机进行跨地区跨行业的合作，达到互惠互利的效果，共同打造文创产品的品牌形象。

5. 强化游客的参与感和体验感

在产品设计过程中，除了对于产品本身的形式及功能需求，还要考虑产品带给游客的参与感和体验感如何。可以根据游客的需要和喜好，提供个性化的文创产品定制服务。例如，让游客参与产品的设计及制作过程，选择自己喜欢的图案、色彩、字体等元素，根据游客自己的喜好进行搭配，定制独一无二的纪念品；或者根据游客的服饰搭配风格、人物照片等制作个性化的文创产品。让游客在文创产品中看到自己独有的元素，从而强化参与感和体验感。

近年来，各地对于文创产品的体验活动层出不穷，结合东北旅游文创产品的开发，可以定时举办文化体验活动。例如，东北传统手工艺制作体验、民俗文化表演、冰雪主题运动等。让游客在参与活动的过程中，对东北文化有更深的了解，这样可以增强对东北旅游文创产品的兴趣度和认同感。

二、以消费者为导向的产品设计

1. 基于消费者角度的设计

应基于以用户需求为中心进行设计，将消费者放在设计流程的核心位置，围绕着消费者进行设计决策，将产品设计的需求、期望、行为和体验首先呈现给消费者。例如，在设计一款智能手环的时候，通过前期的市场调研了解到消费者对于智能手环的功能需求程度排序为健康检测、运动记录、消息提醒等，对于产品外形风格更偏向于简约、时尚、运动等，以上信息可以作为产品功能设计和外观设计的重要依据。

设计过程中应注意一些与消费者密切相关的原则，包括可用性、可访问性和满意度。对于一款产品来说，应该是易于理解和便于操作的，减少使用者的学习和研究成本。例如，现在市面上销售的手机，很多产品都能够做到以简洁直观的界面设计，让用户能够轻松上手，即使是初次使用也能够快速掌握产品的基本操作方法。除了可用性还需要考虑消费者的使用需求。例如，网站设计要符合无障碍的标准，提供图像的替代文字描述，以便视障人士使用屏幕阅读器能够理解网页的内容。只有这样才能带给各类使用人群在使用过程中的愉悦度和满意度，包括视觉上的美感、交互过程中的流畅度等。

消费者的情感因素对于设计出来的产品能够产生除形式与功能以外的情感反应，消费者在使用产品或者服务的过程中会产生出不同的情感反应，并将所产生的情感因素体现在设计中，这样便可建立消费者与产品之间的情感联系。例如，超市里琳琅满目的饮料瓶将瓶身设计成人体曲线的造型，不仅让消费者在视觉上感受到美感，还能激发消费者对产品的认同感。

在设计过程中需要注意外观感受、兴趣度和情感共鸣，对于不同适用人群进行区别化设计。产品的外形、材质、色彩等方面是带给消费者直观感受的最主要因素。例如，一款具有明艳色彩、柔软质地、活泼可爱外观造型的毛绒玩具，通过视觉和触觉的直观感受可以吸引消费者，尤其是年龄段较小的儿童消费者。从兴趣度出发进行设计，最主要的是强调产品在使用过程中是否能够以最短的时间和最直接的方式让消费者感受到产品的趣味性。例如，传统的台灯开关都是需要按压打开和关闭的，通过一些创新因素将其设计成触控开关，通过手指的滑动就可以调节台灯的亮度等，让消费者在满足基本使用功能的同时能够感受到趣味性。很多具有创新交互方式的电子产品近年来通过类似的呈现方式让消费者感受到了产品新颖有趣的操作方式，给消费者带来了良好的行为体验。如果想要增强消费者对品牌的忠诚度，需要让消费者对产品产生情感共鸣，让消费者在使用产品的过程中有所思考。例如，一些高端品牌已经得到了众多消费者对于该品牌在质量上的信任，那么接下来就可以开始“讲故事”了。将一些限量款产品融入具有特色的文化元素或者故事元素，消费者在体验这些产品的时候就会因为赋予产品内容的深刻度而产生较好的情感体验。

在设计流程中的消费者因素主要体现在需求调研、设计概念生成与评估、设计优化与产品推出。在需求调研阶段我们可以通过定性研究和定量研究来完成，包括与用户深入沟通和大数据分析等。例如，在设计一款新软件的时候，根据使用人群的特点精准寻找到相应的用户群体，通过访谈、小组讨论等方法与消费者群体进行深入沟通，以此来了解消费者的实际需求、使用动机、痛点和使用场景等。在与使用群体进行沟通的同时也可以邀请相关行业和有相关使用需求的人群，了解他们在与这类人群接触的过程中有哪些对于此类软件的功能需求以及现有软件存在的问题。还可以通过问卷调查、大数据分析等手段收集消费者的相关数据，这种方法可以更加快速地收集海量信息，对消费者的行为、喜好、认知等信息进行量化分析和处理。例如，对于日常生活中时刻伴随人们的手机，不同类型的消费者对于外形的需求是不同的，可以通过在线问卷调查收集到大量的消费者信息，在生产过程中根据调研获得的消费者对手机颜色的喜好程度数据，就可以决定最终生产的数量占比，为手机的外观颜色设计提供数据支持，也为商家生产产品的规模和数量提供了数据支持。

在设计概念生产和评估阶段，基于前期调研得到的结果，设计团队可以通过多种设计手段和评估方法进行测试和筛选。通过头脑风暴等设计方法生成多个设计概念，根据消费者的实际需求进行初步筛选，保留最适合的几个设计概念，再根据其他因素向后推进。例如，在设计一款家用沙发的时候，将消费者提出的各项需求进行排序，根据调研结果得到的舒适度、便捷、新材料、科技感等方面的需求进行多种形式和功能配置的概念方案，然后找到一个最符合消费者使用习惯和情感需求的方案进行评估，以达成方案的确定。概念生成后对产品的制作与测试进行分析和制定方案，让消费者进行实际的体验，收集测试结果和信息反馈。例如，在研发一款平板电脑时，可以寻找使用频度较高的用户进行试用体验，记录他们在操作过程中的使用习惯、对功能按键寻找的速度及出错的频率、对产品功能的满意程度、是否出现卡顿的问题。通过定向用户对产品的测评结果，调整产品的使用功能和制作工艺。

设计优化与产品推出阶段需要对产品进行多次优化改进和产品推出后持续跟踪。在对产品进行测试的过程中，根据消费者的测试反馈对设计进行进一步的优化改进，尽可能做到每个设计环节都精准无误，确保设计出的产品或服务能够更好地满足消费者的使用需求。例如，导航软件中的语音提示功能，消费者对于声音的喜好千差万别，经过调研根据消费者对于声音的喜爱程度进行语音包类别的选择和每一类声音持有数量的占比调整。一些产品对于使用者声音的识别准确率在某些环境下较低，对于一些方言的识别度也有待提高，针对这一问题可以在技术层面上进行优化和升级，提高对于各种环境和方言的识别能力，提升用户体验。

消费者对于设计元素的体验主要体现在功能设计、视觉设计和交互设计方面。在功能设计方面需要满足消费者的基本使用需求，这是产品或服务存在的基础。例如，电饭煲的核心功能是做饭，市面上很多电饭煲推出了包括煲汤、做蛋糕、高压炖煮、做酸奶等多种功能，但是对于最基础的功能并没有在技术上进行升级。因此，在设计过程中应该对这款产品的核心功能进行改良和升级，考虑产品对不同粮食加热时间是否有区别、加水量的把控是否有明显的刻度提示、预约做饭的时间设置模式是否能呈现多样性等。为消费者带来新鲜的体验和独特的价值，能够提升产品的竞争力。例如，既能泡茶又能冲咖啡的保温杯，解决了消费者在不同时间段对于不同饮品的饮用需求，这种创新性功能可以吸引更多有相关需求的消费者。在视觉设计方面，无论是整体风格方面还是色彩搭配方面都很重要。不同的色彩会让消费者产生不同的心理影响，为了满足消费者的审美偏好需要对产品的整体风格精准定位。例如，年轻人在登录线上服装店铺的时候，通常喜欢点击简洁、现代且富有潮流感的界面，为吸引这些追求时尚的年轻消费者，在设计风格的整体定位上就需要有所偏向；针对喜欢传统手工艺的消费者来说，在视觉设计上就需要偏向于典雅、素朴的风格，以体现产品的文化底蕴。又如，餐饮空间设计中对于色彩的使用，通常咖啡店会使用深沉的暖色调，这样可以延长消费者的使用时间；快餐店通常会使用红色、橙色等鲜艳的色彩，消费者在心理层面上难以安静，便会尽快吃完离开；从产品的品质上考虑，一些高端、奢华的品牌会在空间设计中使用金色、银色、黑色等，以彰显产品的质感，而一些中低端品牌的产品则会使用轻快鲜艳的颜色，以凸显其新鲜感。在产品的交互设计方面，界面布局和交互流程都很重要。简洁明了的界面布局便于消费者操作和获取信息，减少操作步骤可以减轻消费者的认知负担。例如，电商App的界面布局，在设计界面的时候可以将产品进行分类，并提供产品类别搜索、产品功效搜索、价格分区搜索等功能，让消费者能够更加方便快捷地完成产品购买操作；在线支付流程设计中，可采用一键支付、指纹支付等快捷方式，简化操作流程，提高操作效率。

2. 消费者心理研究

消费者的需求和动机分为不同的类型，设计需要根据不同消费者的需求和动机进行区别化设计。消费者的需求主要分为生理需求、安全需求、社交需求、尊重需求和自我实现需求。生理需求是人的最基本需求，如对于空气、水、食物等需求都是必不可少的。在产品设计过程中，需要通过产品功能的实用性和基本性能来满足消费者的生理需求。例如，空气净化器在设计时应重点考虑如何提高净化空气质量的效率、净水器在设计时应考虑过滤水的主要参数、食品类产品应注重其营养和安全等。安全需求在现如今的大环境下，已经成为消费者在购买产品时考虑的重要因素。例如，在购买汽车产品时消费者更为关注产品的安全性能，产品要具备质量较高的安全气囊、防抱死制动系统等更为可靠的安全配置；在购买金融理财产品时则更注重交易的安全性和收益的稳定性等。一些特定的产品是以社交功能作为主要需求的，消费者通过购买这些产品可以满足自己的社交需求。例如，服装类中有一类是在参加社交活动时穿着的礼服、礼品类中有很多是在特定节日赠送使用的。一些高档礼服虽然不适合平时穿着且舒适性不高，但是可以在社交场合中展示自己的身份地位和穿着品位，从而获得他人的认可和接纳。很多节日礼盒虽然实用性不高，但可以让送礼的人和接受礼品的人都感受到情感的沟通。还有一些产品主要是为了满足消费者的尊重需求，通过展示产品来体现自身的成就感，展示自己的社会地位等。例如，有一类高端客户会购买高价的手表、汽车等，其价格远远超出了产品本身的使用功能，这类消费者主要是通过购买此类产品来彰显自己的身份地位。消费者需求中比较特别的还有一种是自我实现需求，这类需求与消费者追求个人成长、实现自我价值等因素相关。例如，一些教育类产品、培训类课程等，消费者通过购买这些产品可以增长知识、提升能力，以实现自我发展和自我超越，这种需求是无法用价钱来衡量的。

消费者的购买动机主要有求实动机、求新动机、求美动机、求名动机和求廉动机。求实动机是消费者以追求产品实际使用价值为主要目的的，这类消费者比较注重产品的质量、性能和功能，在购买产品的时候会进行各种实用性能的测评，对各项指标进行详细对比。例如，在购买服装时，这类消费者会重点关注产品面料的舒适度、使用寿命、易搭配程度等。求新动机是消费者为新产品、新款式、新功能等因素所吸引而产生的动机，他们更加追求产品的新颖程度和独特程度，有较强的尝试新鲜事物的欲望。例如，一些电子产品在新品发布时推出了具有独特功能或创新设计的产品时，这类消费者往往会率先购买。求美动机注重产品的美学价值，包括产品的外观设计、色彩搭配、包装设计等。例如，一些服装设计品牌的产品，即使舒适度不够、使用寿命短暂、与其他服装搭配程度不高，但凭借其精美的外观设计和出众的色彩搭配就能吸引大量具有求美动机的消费者购买。求名动机的消费者主要是出于对品牌知名度、品牌形象的追求而购买产品。这类消费者对于品牌效应有着极高的认可度，他们认为名牌产品能够体现自己的身份地位，认可为品牌溢价买单。例如，奢侈品牌的箱包和服饰，其高昂的价格并非产品本身的制作成本，而是来源于品牌价值。求廉动机的消费者对于价格的敏感度较高，为了追求使用更低的价钱购买到同样的产品，他们会在购买前进行更多对比，包括产品的品牌、工艺、材质等因素。例如，在购买生活用品时，这类消费者可能会通过多次对比选择一款价格更低的产品。

消费者的认知过程是通过感觉与知觉达成的，消费者通过视觉、听觉、触觉、嗅觉、味觉等感官认知来获取产品信息，产品要能引起消费者的注意才能进入其购买决策过程。根据产品类别的不同，设计过程中需要注意的问题也是有区别的。例如，在购买服装时会通过触觉感受面料的质感，在购买食品时会通过味觉来感受它的味道，在购买书籍时会通过装帧设计来刺激消费者的感官等。消费者会通过获取产品信息进行整体的判断。例如，一款手提包的外观设计、色彩搭配、容量大小等，会在消费者的头脑中形成对这款手提包的整体感知印象，包括这款产品的风格是时尚还是典雅，制作工艺是精致还是粗劣，产品品牌定位是高端还是低端等。

消费者在购买过程中的情绪会影响最终的购买决策，对于产品的设计可以适当与消费者的情感进行联系。在一个干净舒适、气氛融洽的购物环境中，消费者可能会更加有购买的欲望；反之，如果消费者在购买过程中遇到了服务态度不好的销售人员或发生了不愉快的事情，可能会导致消费者最终放弃购买。在产品设计中外观造型的设计、包装样式的设计、平面广告的设计等因素都会引发消费者的不同情绪，购物环境是温馨、热闹、喜庆还是幽静会使消费者产生不同的情绪，这些情绪都会直接影响消费者对产品的购买态度。在消费者购买时服务人员的态度也十分重要，并不是所有的消费者都喜欢热情的服务，这就需要销售人员能够准确判断消费者的喜好并做出相应的服务方式。消费者对于自己长期使用的某个品牌的产品会产生怀旧情感，对于一些有特殊意义的产品会有较为深厚的情感，在产品设计时需要利用这种情感联系展开。例如，将一些品牌故事与消费者建立情感联系。

消费者对于产品通过态度形成、态度转变到购买行为决策是一个循序渐进的过程，消费者对产品的态度会受到多种因素的影响，当消费者接收新的信息时会对产品的态度发生转变。消费者对产品态度影响的因素很多，包括产品的质量、性能、价格、品牌形象、广告宣传、用户评价等，消费者可能因为其中的某一种或者多种因素而决定对购买产品的态度。消费者可能对某个产品并不熟悉，而仅仅通过朋友对该产品的良好评价而对该产品产生积极的态度。在品牌营销过程中，可以实现让本来对产品印象不太好的消费者通过品牌营销转变其消极态度。例如，某个品牌的产品性能一般，消费者对其的兴趣度并不高，但是通过一次产品升级使产品的性能得到了很大的提升，并通过媒体手段进行宣传让消费者知晓，消费者就可能会从原本对这款产品的消极态度转变为积极态度。从消极态度到积极态度，再从积极态度到决定购买，需要在每一个阶段对消费者的心理进行研究。消费者的心理会在每一个阶段发生不同的变化，包括对于产品需求的认知、产品相关信息的收集程度、不同品牌及性能的比较评估，到售后服务是否完善，这些不同阶段所面临的问题都需要设计方根据消费者的需求来制定相应的营销策略。

不同类型的消费者在购买行为上有着明显的差异，他们会根据自我认知和评价来选择产品。由于不同人的个性有所差别，性格外向的消费者可能更愿意购买时尚、新颖、张扬的产品，而性格内向的消费者可能更注重产品的实用性和舒适性。有些人将自己定义为环保主义人士，那么他们在购买产品的时候就会更倾向于购买环保产品；有些人认为自己是时尚达人，那么他们便会紧跟时尚潮流选择更加富有潮流感的产品。产品定位需要根据个体差异而定，产品的品牌形象和定位要符合消费者的自我认知和评价，才能吸引消费者购买。消费者心理研究有助于深入了解消费者，从而制定更有效的营销策略，开发更符合消费者需求的产品，提升产品竞争力。

3. 产品和情境的结合

消费情境包括日常消费情境、特殊节日消费情境和紧急消费情境，不同消费情境下产品的特点是不同的。在日常消费情境中，通常追求产品的实用性、便利性和性价比，消费者对于该类产品在购买决策时速度相对较快，且购买的频率相对较高，消费者更加注重产品对于日常生活基本需求的满足。此类产品在设计过程中要尽可能使产品的功能高效且廉价。例如，家居清洁用品的包装设计应便于取用和存放，清洁功效要高效，价格定位要符合大众消费者的心理预期值。在特殊节日消费情境中，消费者更倾向于有节日氛围和特色的产品，其购买行为受到情感因素和社交需求影响较大，消费者愿意支付较高的价格来购买产品，且对产品的外观设计和包装设计有更高的审美要求。近年来，中秋节的月饼礼盒样式众多，产品在包装设计上更注重产品的品质和氛围的营造，有些包装上印有做工精良的月亮图案，有些产品附带了精美的陶瓷餐具，还有些产品制作出多种多样的特殊口味。又如，情人节时巧克力产品品牌会推出各式各样带有浪漫元素的产品礼盒包装，有将心形印刻在产品包装上的，有将浪漫元素图案制作在巧克力外形上的，有在礼盒中附带象征着爱情主题首饰的，这些产品在设计上注重营造浪漫的情感氛围，以吸引消费者购买。当消费者处于紧急消费情境时，他们对于产品的即时可知性和基本功能的有效性最为关注。例如，突然生病的人需要购买药品，消费者对于价格的敏感度相对会比较低，而产品在包装上对主要功效和适用症状等关键信息更为重要。一些24小时便利店通常会开设在交通便利、人流量需求较大的地方，确保消费者在紧急时刻能更加方便快捷地购买到所需产品。

情境对消费者产品认知和选择有很大的影响，包括物理环境影响和社会环境影响。其中，物理环境影响以购物场所氛围和产品陈列展示形式作为主要因素，社会环境影响以他人评价和群体消费行为作为主要因素。舒适、整洁的购物场所会让消费者对产品产生较高的品质认知。例如，去高档商场、精品店的消费者愿意为产品支付更高的费用；反之，在嘈杂、拥挤的购物环境里消费者对产品本身的评价也会因为购物环境的恶劣而降低。产品在货架上陈列摆放的位置和方式等因素会影响消费者对产品的选择，采用更加科学合理、富有创意的陈列展示方式可以吸引消费者的目光，增加产品的吸引力。例如，在超市中有一个“黄金陈列位”，这个位置处于消费者站立时与视线平齐的货架位置，放置在这个位置的产品更容易被消费者注意并选择，商家在陈列展示产品的时候便可以将更需要推销出去的产品放在这个位置。消费者在购买产品时，会受到身边的朋友、同事、家人等的影响，这些人对于产品的评价和推荐可以影响消费者最终的购买决定。例如，消费者在一个线上购物平台选购产品时，会浏览已购买该产品的买家评价，如果正面评价和推荐较多，消费者购买这款产品的可能性就会增加；相反，如果浏览到很多负面评价，则可能会使消费者放弃购买决定。在某种情境下，消费者会受到所在群体消费行为的影响，例如，在旅游过程中，很多游客都购买了同一款纪念品，由于人的从众心理就可能会吸引其他游客跟风购买。

基于情境的产品营销策略主要分为产品定位调整、营销渠道选择、促销活动设计等。对于产品定位来说，不同的产品应有不同的消费情境，根据产品的各方面特性进行调整重新定位。例如，现在市面上比较受欢迎的功能饮料，在日常消费情境中，满足解渴需求的产品应该以平价产品为主，但是在运动健身的情境中，可以将其定位成补充电解质、有助于恢复体力等的功能，通过强调不同产品特性来适应不同情境下的消费者需求，便可以提升产品的价值。针对特定情境下消费者购买习惯和行为特点来选择合适的营销渠道尤为重要。例如，针对年轻消费者在网络情境的消费习惯，导致很多较为时尚的产品品牌会在社交媒体、直播平台、潮流活动等渠道强势营销推广。而对于老年人消费群体习惯在传统线下购物情境的习惯，一些相关品牌的产品则会选择通过社区平台、医疗机构等线下宣传的方式进行销售。根据不同的情境来设计产品的销售活动，可以很大程度上激发消费者的购买热情和购买欲望。例如，服装店可以在换季时推出换季折扣促销活动，以吸引消费者购买过季或者即将过季的服装以达到清理库存的目的；在年节时，推出满减、赠品、限时抢购等促销手段来增加销售量。产品与情境的有效结合能够更好地满足消费者在不同情境下的需求，增强产品的市场竞争力，提高消费者对产品的接受度和满意度，进而促进产品的销售和企业的发展。

4. 功能与情感传递的方法

产品功能设计方面要以用户需求为导向，确保功能的易用性和可靠性。通过产品需求调研深入了解用户在实际使用场景中的需求，如用户访谈、问卷调查、观察法等调研方法。例如，在设计一款按摩椅时，观察不同类型需求者的坐姿习惯、对座椅调节功能的需求、对按摩时间和节奏的需求等，以此确定按摩椅需要具备的如高度调节、腰部支撑、扶手调节、定时功能等基本功能。根据用户需求的重要性和使用频率对各项功能进行优先排序，将更重要的功能排在前面。产品设计应操作简单直观、功能稳定可靠，以确保产品的易用性和可靠性。产品的操作界面应简洁明了，符合常规用户的认知习惯。例如，智能电器的遥控器设计，应将电源开关、音量调节等常规功能设置在明显的位置，并确保使用的文字或者图标清晰易读，让用户不需要系统的学习就能上手使用。在设计和生产过程中，要保证产品功能的稳定性和可靠性。例如，汽车发动机的设计需要大量的测试和产品优化，确保在设计及生产的各个环节都能稳定运行，不会出现故障，从而让用户能够更放心地使用。

在产品的情感传递方面，需要通过产品外观设计、产品材料选用、色彩搭配以及交互设计体验来实现。产品外观设计方面，需要运用美学原理，使其具有足以吸引消费者的视觉效果。同时，还要提供一定程度的产品外观个性化选项，以满足用户对独特性和自我表达的需求。例如，华为公司的各类电子产品外形简洁、做工精致，并能够提供给用户定制化的服务，用户在使用产品时能够感受产品简洁、流畅的线条美感、制作精良的工艺技术，根据自己的喜好而选择产品的图案、颜色、材质等，使产品更具有个人特色。产品制作时根据用户群体的定位来选择适合的材质，如高端手表常采用金属和皮革材质、儿童玩具多选用柔软安全的材质。通过对材质的处理和加工，赋予产品独特的质感，打造产品的独特性。对于色彩的运用，不但要引用色彩搭配元素，还要适当引入色彩心理学的相关知识。根据色彩心理学原理来选择产品的色彩，如红色给人以热情的感觉，可用于运动产品或促销类产品；绿色给人以健康的感觉，可用于食品类产品；白色给人以洁净的感觉，可用于清洁类产品等。产品的色彩搭配要协调且有层次感，如邻近色配色、补色配色、冲突色配色、强调色配色、中性色配色、冷色调配色、暖色调配色、鲜艳色配色等。在产品的交互设计中可适当融入人性化交互和情感化反馈，以此来增加用户对产品的好感，让用户感受到产品的生命力和亲和力。适当融入人性化元素可以使客户在使用产品的过程中感受到关怀和尊重，适当给予情感传递会让用户有积极的情感反馈。

产品的功能与情感可通过功能情感化表达和情感功能化实现来达成，将产品的功能特点通过情感化的方式进行呈现，把情感化元素转化为实际的产品功能。通过以上方法，可以在产品设计中有效地实现功能与情感的传递，提高产品的综合竞争力，满足用户在物质层面和精神层面的双重需求。

三、以品牌经营为导向的产品设计

以品牌经营为导向的产品设计，需要明确产品定位并形成明确的产品设计理念。确定品牌所针对的目标市场，包括消费者的年龄、性别、收入水平、所在地区、消费习惯等。明确品牌所倡导的核心价值，如品质卓越、创新引领、环保可持续、情感共鸣等。根据品牌定位确定产品设计的总体方向，确保产品设计理念在不同产品系列及产品迭代过程中保持一致且连贯，以强化品牌在消费者心目中的形象。

品牌元素在产品设计中的体现主要表现在品牌视觉元素和品牌文化元素上，将品牌标志巧妙地融合到产品设计中，运用品牌特有的色彩体系进行产品设计，以增强品牌的视觉统一性，把品牌所蕴含的文化内涵通过产品外观形式进行传达，赋予产品一定的故事性或情感元素，引发消费者的情感共鸣。

在产品设计对品牌形象的塑造方面，利用差异化设计打造品牌个性。通过独特的产品功能设计使品牌区别于其他竞争对手，在产品外观设计和使用体验上创造独特性。在产品设计中选用高品质的材料并采用精湛的工艺，以确保产品质量，维护品牌声誉。注重产品的可靠性和耐用性设计，使消费者对品牌产生信赖感。

基于品牌核心的产品拓展设计，在品牌核心价值的基础上进行产品的延伸设计，当品牌发展到一定阶段，进行跨品类的拓展设计。以品牌经营为导向的产品设计，能够使产品与品牌紧密结合，通过产品设计的各个环节不断强化品牌形象、传递品牌价值，从而提升品牌的市场竞争力和消费者忠诚度，实现品牌的可持续发展。

四、以文化为导向的产品设计

通过传统文化和地域文化来挖掘和提炼产品设计内容，传统文化包括历史故事与传说、传统艺术形式和传统民俗文化，地域文化特色包括自然景观特色和地方特色文化。我们可以从丰富的历史长河中挖掘具有代表性和吸引力的故事、传说等，利用包括绘画、书法、剪纸、雕刻、戏曲等传统艺术形式，融入如春节、端午节、中秋节等传统民俗文化。也可以将各地独特的自然景观，如长白山天池、吉林市雾凇等与地方方言、特色故事、民间工艺等融合并运用到产品设计内容中。

以文化为导向的产品设计为基础设计理念和设计原则，将传承与创新结合，引发消费者的文化情感共鸣。在产品设计中既要保留文化元素的精髓和传统韵味，又要运用现代设计理念和技术手段进行创新。根据产品的定位、目标受众、使用场景等选择合适的文化元素和设计方式，产品设计中文化元素的运用要保持整体协调统一。

具有独特文化内涵的产品在市场上更容易脱颖而出。在同质化严重的产品市场中，文化导向的产品能够凭借其独特的文化魅力吸引消费者的注意。长期坚持以特定文化为导向进行产品设计，可以使品牌在消费者心目中形成独特的文化印记。产品作为文化的载体，能够在其生产、销售、使用等过程中传播文化。消费者在购买和使用以文化为导向的产品时，会接触到其中蕴含的文化元素和内涵，从而起到文化传播的作用；同时也有助于传统文化的传承和发展，让传统文化在现代社会中以新的形式延续下去。以文化为导向的产品设计不仅能为产品赋予独特的价值和魅力，满足消费者对文化的需求和情感共鸣，还能在市场竞争、品牌塑造以及文化传承等方面产生重要且积极的影响。

五、工匠精神促进价值提升

工匠精神的内涵及其对产品设计具有一定程度的影响，工匠精神的内涵包括专注执着、精益求精、敬业奉献和创新进取。全身心投入产品设计工作，对设计细节有着高度的专注和执着。追求极致的完美，不断打磨产品设计，力求在各个方面都达到较高的标准。对产品设计工作充满敬畏和热爱，愿意为之付出大量的时间和精力，甚至不计较个人得失。比如，一些传统手工艺人，为了传承和发扬传统工艺，将自己的一生奉献给产品设计与制作事业，通过敬业精神确保产品设计的高质量和独特价值。在传承的基础上不断探索创新，勇于尝试新的设计理念、方法和技术，推动产品设计的发展。

工匠精神在产品设计的每一个阶段都体现了不同的价值。以工匠精神的专注执着深入了解用户的潜在需求和深层次需求。基于精准的需求分析设计出的产品更能满足用户实际需求，提高产品的实用性和用户满意度，从而提升产品设计的价值。秉持精益求精的态度构思产品设计方案，融合美学、功能、文化等多方面元素，打造独特且高品质的产品。卓越的设计理念使产品具有独特的魅力和较高的辨识度，在市场中脱颖而出，提升产品的品牌形象和附加值。以敬业奉献的精神严格把控设计执行过程中的每一个环节，确保设计方案的精准实现。高质量的制作工艺保证了产品的品质和性能，减少了产品的缺陷和故障率，延长了产品的使用寿命，增强了消费者对产品的信任和认可，进而提升产品设计的价值。发扬创新进取精神，根据市场反馈、技术发展以及用户需求的变化等，对产品设计进行持续优化和创新。通过持续的优化创新，使产品始终保持竞争力，满足用户不断变化的需求，提高产品的市场占有率和用户忠诚度，进一步提升产品设计的价值。

在产品设计中融入工匠精神，能够打造出具有高品质、独特性和创新性的产品，有助于树立良好的品牌形象，使品牌在激烈的市场竞争中脱颖而出。当工匠精神在产品设计领域得到广泛弘扬时，会促使整个产业提高设计标准和产品质量，推动产业向高端化、精细化方向发展。工匠精神蕴含着对传统文化的传承和对现代创新文化的追求。在产品设计中，既可以通过传统工艺和文化元素的融入传承优秀传统文化，又能通过创新设计理念和方法推动文化的创新发展。工匠精神通过在产品设计各阶段的体现和综合影响，能够显著提升产品设计的价值，为企业和产业的发展带来深远且积极的影响。

第三章　设计的基本原则与方法

一、设计的开始

创意最初的产生是为了达成有意义的秩序而进行的有意识而又富于直觉的努力。我们在日常生活中所做的每一件事情都是通过我们的设计而产生的，可以说每时每刻每个人都是设计师，设计对于人类活动来讲是一个最基础的行为现象。我们日常生活中所看到的一首诗、一张绘制的图纸、一面充满装饰的墙面，甚至烤一片面包，为一个活动挑选场地，教育一个孩子，这些都是设计。我们无须刻意寻找，生活中的每时每刻都存在着设计，而我们为完成某件事情所做的计划和设想都是设计过程。当我们有意识去做一件事情的时候，便是设计的开始。

1. 认识思考的力量

思考对于每个人来讲都是至关重要的，它可以打开新的视窗，让我们重新审视世界上所有事物存在的意义。它是推动万物前进的基本内因，是时代进化的奠基石。思考的力量足以改变你我，思考的力量足以改变世界。

做设计要改变原有的思维结构，即要学会思考。在我们最初接触设计的时候，我们的思维方式是什么样的？回想一下，似乎经历过人生大考之后的所有事情都变得没有标准答案，似乎我们在看待任何一个问题的时候，都是线性思维。伴随每个人成长过程中的一次次考试，需要我们从A、B、C、D中找到一个标准答案，这抹杀了我们的创意思维，导致我们失去了思考的能力。因而，在今天我们能看到很多设计从业者都是在抄设计，设计方法中有一种方法叫作“借鉴”，而借鉴并非抄袭。

思考的重点在于其中的“考”，想法每个人都有，而“考”的过程是一个研究的过程，思维在你的脑海中经过碰撞，而后就有了自我肯定—自我否定—自我提升的过程。这个过程就是你的思维过程，它们的共同点则是发散性的。开放性试题在一定程度上可以锻炼我们的发散性思维，通过对某些不确定性事物的分析，让我们的思维得到一定的训练。对于设计者来说需要这样的训练，我们可以从身边的环境开始训练。

2. 认识身边每一刻的方法

卡尔·荣格曾说：“创造不是来自智力，而是来自内在。”很多人都有这样的体会，当看到小孩子的绘画作品时，无论是水彩画、水粉画或是简笔画，我们会发现这些幼儿园的小孩子画出来的东西都很有创造力，颜色很大胆、造型很夸张、比例很随意。这种现象在我们的日常生活中很常见，它与智力无关，与生活经验无关，这并不是因为这些小孩子的智商有多高，研究表明正常的儿童智力水平差距并不大。换而言之，这些富有创造力的作品并不是由智力决定的，而是由孩子的内在决定的。正因为小孩没有受到过多规则的限制，没有形成过多的固定思维才成就了具有创造力的作品。孩子对于世界的认知还处于初级的甚至部分空白的阶段，这样的作品在很大程度上是存在偶然性的。一个小孩子一定程度上无法分辨一个事物是否美观、比例是否准确、透视是否精确、色彩之间的关联是否恰当，这样的作品是在一种潜意识状态下向外界输出内心想法的方式。我们需要用心去感受身边的每一个时刻，用心去感受身边每一个人和每一件事物，用心去感受身边每一个情感状态。

设计来源于生活，生活是我们身边随手可得的任何一个事物，这些都构成了我们的生活，这些事物并不是缺一不可的，却巧妙的组合成了我们的生活。用心去观察我们生活中的一点一滴，用文字记录一下你此时此刻的心情，用图画记录一下你当下所看到的有趣的事物，拿出手机拍下你面前餐桌上的美食，拿起一块橡皮泥塑造出你脑海里的造型，去收集你觉得好看的明信片，去观察同类产品各式各样的包装样式……通过观察作出只属于你自己的思考，并利用思考出来的结论转化成设计。

训练一：收集创意

任何一种工具都可以用来练习收集的创意雏形，你所收集和观察的应该是你感兴趣的，并且存在于你的生活中随手可得的。

（1）用手机拍下你所观察到的事物，采集灵感。

（2）采用10片树叶，利用放大镜去观察这些叶片之间的区别，观察它们的质感、肌理、纹路、味道等特点。

（3）利用可塑泥创造一些弯曲度较大的造型，寻找特别的角度，利用特定的光线将其拍摄出来。

训练二：观察事物

对如图3–1所示的大树进行描述：

图3–1　树

一棵树，

一棵大树，

一棵茂密的大树……

如何做到有感染力的描述，让我们尝试着利用树的色彩、形态、树叶、树干、树根、功能、故事、周围、声音、联想、触觉、光影、寓意来传达出对于这个事物的理解，再用精确的形容词来描述一下它的色彩、形态……

认识事物的思维方式：视觉、听觉、嗅觉、触觉、味觉、动作、形状、特质、功能、象征、语言、主观的、客观的、比较、对比、负形空间、对称色彩、故事、形而上学的、从历史角度来看、从前后关系来看、文化的、政治的、仪式的、美学的、微观的、宏观的、二维、三维、抽象的、神话的、漫不经心的、综合地看、单独地看、线性地看、当作机器来看……

3. 涉猎所有感兴趣的事物

当你开始关注某件你不曾关注的事物时，你会惊喜地发现到处都有它的存在，最后你甚至会觉得是它自己跳出来找你，而不是出于其他原因。

最初的阶段你会觉得有些无聊甚至难以持续，如果某件物品让你在一分钟后就开始觉得无聊，那你就尝试着用两分钟去接触它，如果还是不行就再用更多的时间去尝试，我相信最后的结果是你会从中找寻到乐趣且不会再觉得它无聊。

训练三：寻找事物

3分钟时间，找出在你所处的空间中能看到的所有圆形物体。

二、设计思维

1. 思维的强化训练

我们要相信再小的事物都会有多种可能性。你身边的每一个物体，都是一个创作的来源。歌手莱昂纳德·科恩就曾说过：“我一直深爱着这个世界上的一草一木，也喜欢发现他们不同的形状特点。”无论是创作歌曲、诗词、绘画，还是小说，都是在向这个空间里的人去讲述一个故事。一个好的创作者会将一个故事描绘得很精彩也很有意境，且耐人寻味。而一个不成熟的创作者，可能无法很好地传达他的创作理念。所以一个优秀的创作者需要对世界有着细致入微的观察，我们身边的每一个事物都可以成为创作的来源，都可以成为我们创意的原型，利用它去不断打磨和推敲，最终成为一个有趣的设计。尝试着拿起你身边最小的物品，闭上眼睛用手去感受它，想象你的手上也有眼睛一样去触碰和感受它，调动你大脑全部的感知去感受你的手指，尝试着用空间去理解它，将这种感受放大或缩小数倍，你会找到不一样的可能性。例如，拿起手边的一颗花生，闭上眼睛的同时用手去晃动它，花生的整体结构有用手能触碰到的果壳，也有暂时触碰不到的果仁，通过晃动我们能够感受到果仁在果壳内部碰撞出的声音，我们并不知道果仁的实际尺寸，但是通过碰撞的声音我们能感受到它是一颗非常饱满的果仁。果壳和果仁之间存在着空间，如果我们将其放大数倍，人们对于这个空间的感知会有什么变化？当它形成了一面墙体甚至一个建筑的时候我们又是如何去感受它的？通过这样的训练，可以强化对材质和空间的认识。经过时间的推移，你会发现你的观察力会更加敏锐。

2. 如何用艺术锻炼思维

艺术的形态分为三类：听觉艺术、视觉艺术和视听艺术。实际上在我们日常生活中接触到的艺术形式，几乎每一种我们都有所触及。音乐，我们每个人都听过；建筑，我们每天都能看到；书法、绘画、雕塑、影视、戏剧、舞蹈，我们也都接触过。

听觉艺术：音乐

当你感受一段音乐的时候，通过这段音乐的曲风和节奏能让你联想到一个独特的场景元素，通过不同乐器独有的音色让人联想到一个特定的空间特征。在一个音乐作品中所出现的每一个元素都有其所能代表的象征，各种元素组合到一起则形成了一个独有的氛围。因而我们在听音乐的时候会发现，几乎每一个音乐作品都有能够让人感受到的画面，好的音乐作品都是有画面感的。你所喜欢的画面与你喜欢的曲风通常是一致的，这多多少少能够体现出你的意识中所喜欢的东西。通过了解一个人喜欢什么样的音乐，在某种程度上也可以分析出这个人对于其他事物的审美特征。音乐和设计是相通的，对于音乐的理解程度映射出的是你的听觉审美程度，我们可以从音乐中找到设计的灵感，而这个灵感是其他人未曾想过和感受过的。

视觉艺术：书法

书法是中国及深受中国文化影响过的周边国家和地区特有的一种文字艺术表现形式，包括汉字书法、蒙古文书法、阿拉伯文书法和英文书法等。中国书法是中国汉字特有的一种传统艺术形式。从广义上讲，书法是指文字符号的书写法则。换言之，书法是指按照文字特点及其含义，以其书体笔法、结构和章法书写，使之成为富有美感的艺术作品。汉字书法为汉族独创的表现艺术，被誉为：无言的诗，无行的舞；无图的画，无声的乐等。

通过视觉艺术审美来审视书法作品（见图3-2），可以感受整体的节奏处理。作品整体行书过程的状态是比较松弛的，通过书法本身的专业角度我们能够感受到作品是如何在作者对肢体的操控下起承转折的，试想一下我们如何通过空间层面来审视这幅作品。在透视学中有一个基础概念叫作近实远虚，所谓近实远虚就是指人在观看空间中的事物时近处清晰，远处模糊。例如，在刻画某个物体时，近处可以画得轮廓清晰，远处则可以处理得模糊一些。靠近的物体既要画出大的明暗关系，又要处理好细节的变化，远景则可以减少细节的变化，有基本的形态即可，这样就能体现出近实远虚的效果。当我们利用虚实关系眯起眼睛来看这幅作品的时候，似乎能感受到其中笔触比较粗的、下笔比较重的笔画看上去更“实”一些，而其中比较纤细的文字相对而言似乎有一种“退后”的犹如虚无背景的感觉。整体画面则呈现出一种虚实交错的感觉，这种感觉让我们在一个二维的书法作品中感受到了三维的空间。那么如何利用实体的材料营造出这种氛围？例如，利用透明玻璃，将玻璃放置在空间中的不同位置，利用玻璃所处的位置和叠加的层数来操控整体画面的虚实感。玻璃越靠前且叠加的层数越多，文字看起来就越“实”。反之，玻璃越靠后且叠加的层数越少，文字则越“虚”。虚实对比就是从叠层的数量和远近的区别中产生的。通过这种视角去审视作品的时候，从书法作品中就能看出一丝的空间感，我们所欣赏的这个作品已经不仅仅是一个二维的平面作品了，更倾向于是一个三维的、立体的、充满了文字的空间。反过来思考一下，如果想在一面墙体的设计中体现出书法的韵味，我们可以做的不仅仅是把书法贴在墙面上，还可以尝试通过透明材质的叠加、木材的雕刻、石材的打磨等，利用材料实验产生更多的可能性。

图 3-2　《兰亭集序》

视听艺术：影视

在观看前的准备与思考中，需要了解作品的背景知识、问题导向、制作团队意图。在观看一部影视作品之前，先去了解其故事发生的时代背景、社会环境等相关信息。例如，如果要观看历史题材的电视剧《康熙王朝》，提前了解清朝初期的政治格局、满汉关系以及康熙皇帝所处的复杂局势等背景内容。这可以帮助你在观看过程中更好地理解人物行为动机和情节发展逻辑，从而为深入思考打下基础。带着一些问题去观看影视作品，例如，对于一部科幻电影，你可以问自己：这部电影中的科学概念是否有一定的科学依据？如果这种科技真的实现，会对人类社会产生哪些深远的影响？以《星际穿越》为例，你可以思考影片中对黑洞、时间膨胀等科学概念的呈现是否准确，以及主角们穿越虫洞寻找新家园这一情节背后所蕴含的关于人类生存和探索宇宙的思考。了解导演、编剧等创作人员的意图。不同的导演有不同的叙事方式和想要传达的主题。例如，克里斯托弗·诺兰的作品往往注重复杂的叙事结构和对人类意识、时间的探索。在观看他的作品如《盗梦空间》时，可以思考导演是如何通过多层梦境的设置来展现潜意识世界的，以及他想让观众从这些情节中获得怎样的启示。

在观看过程中需要分析情节逻辑、解读人物形象、挖掘主题思想、关注视听语言。注意影视作品情节的连贯性和逻辑性。思考每个情节的发生是否合理，人物的决策是否符合其性格和当时的情境。比如，在侦探电影中，观察主角如何通过线索一步步推理案件，分析其推理过程是否存在漏洞。以《福尔摩斯：基本演绎法》为例，观众可以跟随福尔摩斯的思路，思考他是如何从细微的蛛丝马迹中发现关键线索，并且判断这些线索之间的关联，从而锻炼自己的逻辑思维能力。深入剖析影视作品中的人物形象。考虑人物的性格特点、价值观是如何形成的，以及他们在不同情境下的行为变化。例如，在电影《阿甘正传》中，阿甘这个人物单纯、执着，他的智商不高但却有着坚定的信念。观众可以思考阿甘在面对生活中的种种机遇和挑战时，他的性格如何影响他的选择，以及这些选择又是如何塑造他的人生轨迹的。同时，还可以对比不同人物之间的差异，如阿甘和他的朋友珍妮，他们有着截然不同的生活观念和追求，通过这种对比来更好地理解人性的复杂。尝试挖掘影视作品背后的主题思想。有些作品主题比较明显，而有些则较为隐晦。例如，在电影《肖申克的救赎》中，表面看是关于监狱生活的故事，但深层次的主题包括希望、自由、自我救赎等。观众可以在观看过程中思考这些主题是如何通过情节和人物关系展现出来的，以及这些主题对自己和社会有什么样的启示。留意影视作品的视听语言，包括镜头运用、画面构图、音乐音效等方面。镜头的角度和运动可以传达不同的情感和信息。例如，低角度拍摄人物可以营造出强大、威严的感觉；高角度拍摄则可能使人物显得渺小、无助。音乐音效也能够增强氛围推动情节发展。在电影《泰坦尼克号》中，当船沉没时那紧张的音乐和海浪声等音效，增强了灾难场景的紧张感和冲击力。通过分析这些视听元素，可以锻炼自己的审美和感知能力，同时也能更好地理解创作者是如何通过这些手段来引导观众的情绪和思维的。

观看后需要讨论与交流、撰写影评或心得、拓展阅读与研究。与他人讨论影视作品是锻炼思维的有效方式。可以和朋友、家人或者参加影视爱好者小组，分享自己对作品的看法和理解。在讨论过程中，你可能会听到不同的观点，从而拓宽自己的思维视野。例如，在讨论一部具有争议性的电影如《小丑》时，有人可能关注社会阶层矛盾对人物的影响，有人可能更侧重于影片的艺术表现手法，通过交流这些观点，可以加深对作品的理解，同时也能锻炼自己的表达和辩论能力。把自己的思考和感受以文字的形式记录下来。撰写影评可以帮助你梳理自己的观点，更加深入地分析作品。可以从情节、人物、主题等多个方面入手，详细阐述自己对影视作品的评价。比如，在写一篇关于电影《海上钢琴师》的影评时，你可以分析主人公为什么始终不愿意下船的原因，以及这背后所反映的人对未知世界的恐惧和对纯粹艺术追求的主题，通过这样的写作过程，能够进一步锻炼自己的思维能力和文字表达能力。根据影视作品进行拓展阅读和研究。如果对作品中的历史背景、文化元素感兴趣，可以查阅相关的书籍、文献来加深了解。例如，看了古装剧后，可以阅读古代历史书籍来验证剧中情节的真实性和准确性；如果是科幻作品，可以研究相关的科学理论来进一步理解影片中的科学概念。这种拓展学习能够帮助你建立更全面的知识体系，提升思维的深度和广度。

3. 如何筛选你的想象

设计主题确定后，如何筛选你想要运用到设计当中的元素？首先要做的就是将主题进行一定程度的延伸，搜集相关的设计元素，确定具体元素之后对其进行深入剖析，再进行设计重组，以上所有的步骤都需要依靠你的想象力。就如同推理，当我们找到逻辑关系，方案即成立。很多时候，我们设计当中的立意就是这么产生的。

通过对听觉艺术、视觉艺术和视听艺术的剖析和解读，我们也许对事物的观察就会有新的认识。我们可以随意拿起身边的一个物品，把它联想成一个主题。如何利用这个物品作为设计主题，对一个三维空间进行设计，从主题上获取元素，再把元素剖开进行设计和重组。

案例分析

元素获取：橡皮（见图3-3）

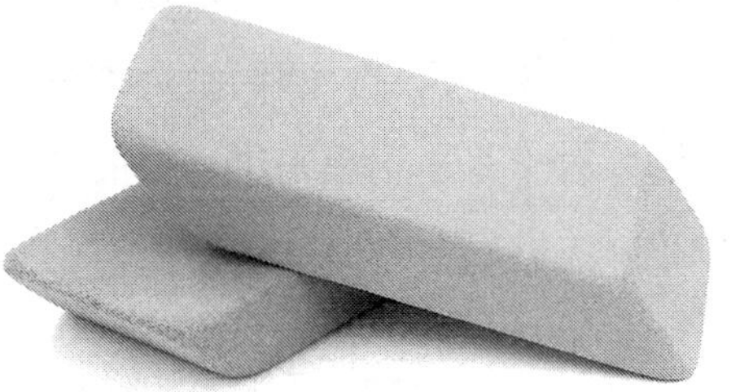

图3-3　橡皮

元素剖析：有弹性的、可以被切割的、可以擦除笔迹的、粉色的、方形的……

设计重组：粉色的具有弹性的材质，在墙面做一个高低错落10×10的方格，通过不同角度不同方向进行展示，每个方格表面使用粉色软质触感的材料，人在触摸感受的时候是可以感受到类似橡皮一样材质的触感，将最终效果使用在与橡皮这种文具相关的（如书店）门头设计中。

4. 思维的表达练习

如何用专业术语说出你的思维？

首先，需要情绪的带动。我们要擅长带动情绪，人与人之间是有磁场的，你所传递出的气场是可以让对方感受到的，这种感受包括情感的倾向和专业的能力。

其次，需要语言的煽动性。在我们诠释一个设计方案的时候，要试图使对方的状态在较短的时间内进入与我们相同的频道，这时语言的煽动性就派上用场了。我们可以使用相对极端化的词汇来叙述，就像产品发布会上宣讲人在宣传产品时语言的煽动性做得都十分出色。例如，前所未有的、绝无仅有的、出乎意料的、这个星球上最好的……当听到这些词汇叠加在一起形容一个产品时，人们会认为这简直就是一个艺术品，拥有这样一个产品会让你的生活产生翻天覆地的变化。做设计亦是如此，通过具有煽动性的语言给对方传递出设计的精髓。

最后，需要专业术语的堆砌。如果我们在介绍一个设计方案的时候只有煽动性的语言而没有专业术语的体现，是不具有说服力的。当我们推出一款新产品向外界进行展示的时候，我们要通过一系列的专业术语和专业参数来介绍。例如，介绍一款手机时，我们会提到分辨率、像素点、视网膜屏幕等相关专业术语，对于普通用户来讲这样的介绍就显得更具有专业性，人们从这样的介绍中能够领会到这款产品所有的特点和优势。我们在给客户传递设计理念的时候，如何能让对方觉得“这就是我想要的”，专业术语的体现就显得尤为重要。

专业术语从设计方式层面上有解构、重构、并存、共生、异质、游离、消融等，设计名词层面上有本体、客体、载体、语境、场域、共性、体量等，设计精神层面上有爆发、撕裂、静谧、庄严、侵略、祥和、暧昧等，表达语法层面上有排比、类比、反问、陈述等。同时，我们还要注意语言的冲击力与身体语言的配合。例如，微笑、放慢语速、真诚、寻找彼此的共同点、自信、肢体与语言的配合等。我们在传达设计理念时可以适当使用上述方法，根据不同设计的特征选择使用其中一个或者多个方法，让你的设计能更好地传达给用户。

三、设计实验

1. 灵感工厂

设计的价值在于它给人带来的感受，无论是充满想象的、赏心悦目的、神采飞扬的，还是热泪盈眶的、惶惶不安的、心灰意懒的，都可以成为设计作品的情感内容呈现出来。你的想法在构思作品的过程中是非常重要的，灵感工厂作为设计的起点需要我们跳脱出传统美学和设计法则的框架，不受限于功能层面的衡量标准。

首先，分析设计作品的核心理念、功能用途以及制作方式，由此设定设计方案。其次，开始进行调研，做大量理论及数据研究，根据研究结果提出相关设计想法，展开推论设计想法并分析实施的可能性。利用图案绘制和文字说明，传达出你的主体构思。在寻找灵感和推敲论证的过程中可以尝试列出图文信息，将你所想到的所有可能性展示出来并作出合理的选择。

范例：

设计内容	设计理念	灵感来源	功能用途	制作材料
挂毯	古朴自然	植物、涟漪	装饰空间	纤维染织
背包	时尚、流行	流行色、当代艺术品	收纳、携带物品	布艺、金属
椅子	舒适、动感	云朵、流水	休息、休闲、展示	棉麻、木材

2. 找寻创意点

当你着手准备创作时，需要从你所收集的资料中提取出属于你的想法，进而用到作品当中。这个创意的过程就是找寻创意点的过程，我们需要解决的关键问题是如何能找到属于你自己的原创想法。当然，在这个过程中并不是每次都能找到全新的东西，但朝着一个明确的目标不断努力是一件难能可贵的事情，只要掌握基本操作手法积极的推进，同时与人进行交流和不断的论证，那么达成目标也就没有那么困难了。这个创作过程是一个积极有趣的过程，让整个世界走入你的内心，去完成一段属于你的旅程。

操作指南：

（1）从一个物体中提取出一个图案

搜寻你身边人对于这个图案的最初想法，结合你自己的想法解答一下你认为这是什么？你认为在哪里能找到这样的图案？它能让你联想到哪些特定的人和事？它能唤起你的哪段记忆？

（2）拓展你对于这个图案的理解

思考一下哪些人或事能够帮助你拓展对这个图案的理解。可以找一些你熟悉或者不太熟悉的人来帮助你理解这个图案。可以利用网络追踪一些陌生人，给你提供一些意见或建议。

（3）讨论

筛选出你认为能够提供有效信息和见解的三个人，和他们一起进行讨论。你可以与他们面对面探讨，也可以通过电话、电子邮件或网络社交平台进行沟通，通过交流找出答案。

（4）找出一个新图案

根据上述做法，你或许能够找到一个全新的想法，并创造出一个新的图案。这时你可以找到一个之前联系过的讨论对象，或根据现有信息通过其他途径找寻一个新图案。

范例（见图3-4）：

图3-4　练习图

帽子：这顶帽子让一位同事想起了去年夏天气温最高时戴的一顶帽子。他有一个初中同学现在在新疆工作，于是他拿起电话询问了这个同学新疆当地的气候，并拜托他的同学帮忙拍几张当地的自然风景。

贝壳：这个图案跟一个朋友小时候家里卧室墙面的装饰背景墙很类似。虽然现在已经是午夜，但是他还是决定拿起电话打给了他的爸爸，请他帮忙拍照传给他。

手提袋：有位同学觉得这个手提袋上的图案跟家乡的海浪很相似，于是他打开了自己的网络社交平台，找到了家乡好友平时分享的家乡风景照，并下载了其中的几张。

3. 独特的观察视角

大多数人观看世界的视角都是以自我为中心的，对于外界与自己不相干的很多事物多数是走马观花，而这种的观看方式和态度很难用心地感受这些事物，也就无法捕捉到某件事物在某一时刻的闪光点，利用绘图去审视事物独特的观看角度或许是一个好方法。

练习：

（1）人物与场景

人物：观察一个人，尝试分析这个人的性格特征，你对这个人的第一印象是什么？根据你最初的观察和判断把他画出来，并另外添加三个元素：姿势、服装样式和细节（如发型、配饰）。

场景：以抽象的表现形式来还原你所看到或者想象出来的场景。从画线条开始，先捕捉离你最近的东西，加入色块，然后再画出其他细节部分，呈现出场景的节奏与韵律。

（2）黑白与彩色

黑白：以一系列形状画出你想要表达的人物、事物或场景。确定明暗关系和比例，用黑白笔刷填充画面。

彩色：先画出线条，为画面设计一个主要角色，接下来以相等的比例围绕主角画出画面的其他元素。运用平面化图形处理背景的图样，使作品呈现出平面化特征。选择四种对比色，从最浅的颜色开始填充，逐渐加深直至完成整个画面的色彩填充。

（3）收集与勾勒

快速勾勒：这个训练的目的是让你通过快速勾勒图案将所观察到的每一个事物以最快的方式记录下来。以线条捕捉外形轮廓，再加上文字和符号记录下关键信息。这些收集与勾勒的草图都是你的资料库和灵感库。

观察与勾勒：观察一个简单的物品，想象自己不断将视线的焦距拉近，直到无法看见这个物品完整的外观为止。用笔勾勒出主要的形状，并确保每一个图形都是互相连接在一起的。用这个物体本身所没有的三种对比色来填充。你所完成的作品并不是这个物品本身，而是在挪用它的形状或者样式。

4. 画面与叙事

画面是视觉语言的传达方式，视觉传达设计大部分或者部分依赖视觉，并且以标识、排版、绘画、平面设计、插画、色彩及电子设备等二维空间的影像表现。视觉传达设计的过程中发现了一个现象：传播、教育、说服观众的影像伴随以文字会具有更大的影响。视觉是人类感知外部世界的一种重要手段，在人类认知世界的活动中具有不可替代的作用。在人们感受的外部信息中，约有83%源于视觉。视觉化把概念或数据翻译成图。不经意间，人类文化已经全方位地被“视觉化”了。现代传媒飞速发展，人类的视觉就不再只是简单的“看”，而是从原初的视觉经验，即看的经验，延伸至视觉文化。在这种常见的行为之后，观看实际上就是一种复杂的文化行为。挑剔的视觉需要设计师用智慧来满足。由以读解为中心的文字信息传达形式发展到信息含量大、可瞬间解读的视觉图像语言信息传达形式。信息化时代，人们如何展示自我，体现自身存在的价值，已成为人们追求的新目标。我们需要在一定的框架内，发展易于理解的视觉语言，同时呈现出层次与内容丰富的叙事。视觉传达设计最核心的挑战，就是寻找既通用又独特的图像、咨询或标志。

操作指南：

（1）找一幅书法作品，根据字形进行画面创作，将其放置在一张透明的 A3 大小的纸板上。其中一张作为创作的原型，再拿一张相同大小的透明纸板作为后续创作使用，之后再拿一张透明纸板作为最终呈现作品的效果使用。

（2）旋转第一张纸板，观察不同角度的图案是否会有不同的含义。思考一下每一个特定角度是否存在特别之处？呈现出的状态是静止的还是富有动感的？有没有在某一个角度呈现出比较有趣的、特别的曲线？

（3）观察一下图形与周边空白处的联系。快速勾勒出图形的轮廓和与其相关的符号、故事或其他图案。在这个阶段先不要过多装饰你的构想，不要在画面中出现视觉效果处理的痕迹。珍惜你的每一个想法，它们都非常宝贵。你的设计要围绕这个主体图形进行编排，根据整个纸面的空间、前景与背景的关系，将主体图形与其他的设计元素充分结合，这样才能做出一个好的作品。

（4）将第一张纸板的图形填充上黑色，将第二张纸板的图案填充上红色斜纹，将第三张纸板的图案填充上黑色横纹。完成后将三张纸板叠加在一起，形成最终的画面效果。

5. 互动与表达

当我们还是孩子的时候，我们会发明各种游戏来展开社交互动。而长大后这种与人互动的时刻逐渐变少也变得更为内敛。现如今，社会上的媒体每天都充斥着大量的资讯，也削弱了我们相互交流的频率。设计可以重新取得讯息与互动之间的平衡，并激发出好的互动行为，参与度相对较高的设计一定程度上更能激发使用者的共鸣，这种互动有助于好设计的发展和延续。设计一个能够参与互动和表达的方案来测试一下，用你的创意想法，外加设计的互动形式和方法，展示你赋予这个设计行为的意义。邀请你的朋友、同事或其他你认识的人来一起完成一个活动，可以是共同完成一顿午餐的品尝、一次同台表演，或是共同完成一个故事的编辑。如果想要顺利完成这项活动，需要一个能吸引人注意力的设计，一个合适的空间环境，一群积极配合的参与者，完成后他们会觉得自己的感知受到了挑战。在此过程中，你不一定要完成这个作品，我们鼓励探索式的表演，也试图呈现出具有时效性的操作。因此，务必找出一种能够捕捉当下情境最恰当的记录形式。

范例：

（1）找到研究对象，思考它的意义、能够让你联想到什么，以及如何与我们的生活联系在一起。也可以请朋友或家人一起思考，并收集他们的想法。找出研究对象的关键字、观点和隐喻。

（2）将研究对象传达的思想与相关的意义转化为各式物件或图像。画出你能想到的任何东西，越多越好。

研究内容：没有平面，就会缺乏秩序、充满任意性。

诠释：平面是生成元。

绘图：一个水平面，上面放置着不同的物体，物体在平面的作用下形成了不同的状态。

（3）尝试运用肢体语言表现或演出研究内容。尝试使用简单的手势或行动，通过肢体语言来传达研究内容。

动作：张开双臂，将两臂平行于地面形成一条水平线，时而摆动手臂做出失衡状态，时而做上升状或下降状表现出相对水平的状态。

（4）尝试回想上一次接触类似的具有水平面特征的设计作品是什么时候？是什么样的作品？你是否与它有过互动？发生互动的动机是什么？以这个能够吸引你的情景为例，试想一下你可以利用它来吸引陌生人的策略。

思考：张开手臂做平行状的状态如同模拟飞行，与飞行相关的事物有飞机、风筝、鹰……

策略：提取风筝元素，利用自己的身体作为风筝的框架，做出一个长在身上的风筝，在步行街上做出飞行状来吸引街上的行人。

（5）找一个地点来设计你的互动作品。思考一下这个场地对于研究内容的意义，以及出现在这个场地的陌生人是否会有时间有兴趣参与互动。你如何打断这些陌生人正在进行的活动并参与你的互动？这些参与的陌生人能从中获得什么？互动过程中他们会提出哪些疑问？他们是否愿意参与这种形式的互动，可以玩儿多长时间？

（6）策划一个简洁版作品互动计划，先找一些你的朋友来测试一下。看看你的计划是否合理？是否能激起其他人的兴趣？是否能维持互动？是否能传达最初研究内容的核心意义？互动过程中需要哪些指引，才能引导参与者融入，并清楚他们的角色？

活动流程：展示制作工具，开始为身边的人测量身体各重要关节点的尺寸。将符合每个人尺寸的构件安装在身上，并将风筝的表面固定在骨架上，形成一个个人体风筝。完成作品之后大家可以互相展示和介绍自己的作品。

6. 空间与功能

基于建筑领域的思考，主要思考的是空间与结构，从概念设计出发设想一下空间中实用功能的比例对于整体空间的影响。建筑中主要承载功能空间是实体部分，除此之外，虚空部分也十分重要。在中国传统的四合院建筑空间中，虚空部分所占比例就比较大。

（1）现代建筑。现代城市寸土寸金，每一个空间都需要在设计操作下合理充分的利用。现代建筑内部大多为功能空间，城市规划以实体为主导地位。

（2）围合式建筑。中国传统的四合院空间是典型的围合式建筑，空间虚实结合，中心为虚空院落，四周为实体建筑，相互作用形成一个完整的建筑空间。

（3）设立式建筑。西方广场中心位置通常会设有一个方尖碑，建筑是以设立形式派生而成的，以实体为主要作用派生出周边的虚空环境。

（4）两面性建筑。建筑实体无论从水平方向还是竖直方向看，既有包围室内空间的功能，又有包围一侧外部空间的态势，在实体的作用下完成了两种意图，具有两面性。

7. 传达设计

每个设计者都应该具有传达设计的能力，具备说服的基本技巧。你需要思考一下如何应用设计语言将具有煽动力的构想传达出来，如何利用传达设计的力量来触发观察，如何运用设计思维来解决社会问题并提出解决方法。通过参考或者改造一个物件，探索如何透过这个物件的用途来激发人们不同的想法。这样的尝试不仅能提高你对某件事情或物品的关注，还能让你通过设计思维和技巧带动你身边的人行动起来，关注事物更美好的可能。

操作指南：

（1）确定主题

日常生活中有很多事情会影响你的情绪，如走在路上踩到口香糖。回想一下今天有什么事情发生，其中哪件事最让你感到气愤。

（2）研究

发生在你身上的这件事与更大的事件是否有什么联系？这件事影响了哪些人，是很多人还是只有少部分人？运用你所能想到的任何方法对提出的问题进行研究，可以探访、观察、查询资料或者去翻阅历史文献。

（3）选择一个构想

选择一个你想要继续发展的主题，选择主题内容的时候要注意主题的幽默感、与社会的关联性，以及广泛的吸引力和认可度。思考一下，你希望这个作品呈现出什么样的状态，来解决你最初的情绪？

（4）获取重新调整用途的物品

仔细思考你的议题，找出与它相关联的物品。在寻找过程中，不要排除任何可能性，选择物品的时候可以是直接关联的也可以是间接关联的。试想人们在使用这个物品的时候，它本身的使用方式或体验感都发生了变化，进而造成思维或行为的转变。

（5）设计与视觉化

我们需要利用现有物品的视觉语言，加以巧妙的重新设定，最终得出不同的讯息。用你的速写本来记录你的想法，运用视觉化手法来规划并准备制作过程。思考一下，你要如何调整它，调整和创作过程中需要运用哪些材料对它作出改变。

8. 艺术创作

构思、发起并制作出一个场域限定的艺术作品，对于每一个艺术家来说这个思考的过程都是一项艰巨的挑战，在创作过程中需要采用各种不同的创作技巧和手法，并保证作品的纯粹性和艺术性。在创作过程中，除了需要自身的艺术素养和创作技巧，还需要发展其他技能，包括规划、制图、组织和谈判等。

操作指南：

（1）选择一个场域

找出一个你感兴趣的场域作为作品承载和互动的空间，并适当加入一些元素。在选择空间时可以选择室内空间，也可以选择室外空间，对于不同空间在选择加入元素时要根据空间关系作出区分。在寻找过程中，要考虑作品的规模、材料和整体形式。初步设想完成后，评估一下空间与作品的关系是否合适，是否能互相影响、互相作用。

（2）考察周边环境

在确定你想要进行创作的场域后，要对周边环境进行考察。实地测量、拍照和绘图，观察这个地方的用途及空间作用方式，以及人们是如何与它互动的。分析一下，人们会如何在这个地方观看和体验你的作品，观赏作品的角度与空间关系是如何协调的。人们会如何接近它？你的作品是否从远处就能看到？还是设定在一个相对封闭的小空间里？

（3）寻找和编辑创意想法

展示出场域照片、前期构思草图和所有收集的相关资料，根据已有资料继续绘制更多的图纸，借助不同的媒介去尝试和修改你的方案，包括材料、颜色和形式。在创作过程中，不要过于担心是否会成功，要把重心放在创作过程中的思考与讨论。

（4）制作作品提案

在设定作品之前，先准备一份场地使用计划。根据初步设想制定具体实施流程，确定作品实际展示区域、制作材料、制作工艺和制作流程。根据实际情况作出相应调整，找到最优解决方案。

（5）将提案视觉化

如何在设计阶段直观的感受和判断方案的效果，最直接的方法就是将提案视觉化。我们可以制作等比例模型、绘制空间效果图，用最直观的感受来判断方案的效果并判断方案的合理性。

9. 团队合作

在设计工作中，团队合作是非常重要的。在日常生活中，我们所获取的讯息和观点都与身边的人或你在网络和社交平台关注的人物相关。想要在设计领域取得好的成果，你就要具备能够与人进行有效合作的能力，这将是你是否能成功的决定性因素。所谓合作的方法非常多，正确判断和选择出适合你的方式。你可能很快就能找到适合自己的方式，也可能经过一个长期的实验过程才找到适合你的方式，无论是前者还是后者你都是幸运的。

操作指南：

（1）组建一个小组

找到2～3个人和你组成一个小组。在寻找合作伙伴的时候，你要根据这个项目内容的特征来筛选，例如，项目需要一个优秀的绘图工作者、一个出色的组织者或一个善于制造创意点的人。确定目标后，你就可以开始组建你的团队，并准备开始你们接下来一个星期的合作。

（2）找出一个创作主题

每一个参与者都要思考自己在这个主题创作中想要研究的东西，并综合考虑每个人提出的内容选出一个创作主题，并开始你们的观察、体验和对相关信息的了解。

（3）选择工作地点

大家一起想想应该在什么地方开展接下来的工作，可以是任何一个地点，如你家的小院、距离大家都比较近的出租公寓、共享办公空间等。思考这个地点与你们想要探索的主题之间有什么样的关联，你们要如何在这个地方展开你们的工作。

（4）制订工作计划

所有人一起用两个小时来制订一下工作计划。你们要如何安排你们一天的工作，包括起床、用餐、工作、休息和讨论的时间？是否需要制定一些约束，如在工作的时间不能打私人电话、单独工作的时候不能打断别人的工作等。意见不统一的时候，如何有效率地作出决定？根据你的小组人员和工作内容制订一个具体的工作计划。

（5）整理及准备

正式开始合作之前，做好相关的准备工作。准备好所有的日常生活用品和工作所需的所有物品。如果你的住所离工作地点比较远，你必须准备好接下来一个星期所有需要使用的物品，以免浪费时间和精力。

（6）团队合作

全身心地投入工作，抓住机会与你的合作伙伴们进行交流，体验他们对于一件事情的看法，通过这种深入的交流拓展你的视野。用心体会工作过程，记录下每一个瞬间。在工作完成后进行总结，分析团队合作的优势，找出适合你的合作方式。

10.独立创作

在没有人给予你指导或帮助的情况下开展设计工作，是每一位设计师都要具备的基本技能。思考一下，如何通过设计方法来延伸你的设计作品？在掌握基础的设计方法后，需要你通过专业的判断能力选择适当的设计方法，并运用到你的设计中。

操作指南：

（1）确定主题

这里的主题指的是你广泛的关注领域，是你探索创作过程中较为感兴趣的内容。选择一个足够开放的主题，让你能以此制定各种创作的类型、内容及形式。同时，要具备一定的方向性，让你对题材的看法成为作品的焦点。

（2）确定创作题材

在你预计探索的主题中选择一个特定的内容，你将从这个内容中寻找到你的创作起点和参考框架。设定一个立场或确定一个你预计探索的观点，清楚制定你的专题以及你的动机。这就是你的主题。

（3）设计目标

你想创作出什么样的作品？作品预计要给谁看，又与这些人有什么样的关联？这些都是创作之初就必须思考的问题，虽然困难，但不可或缺。只有想清楚这些问题，你才会有一个明确的设计目标来审视你的作品。大部分设计工作并不是在展厅中展出，而是应用于世界上的任何需要它的地方，这将有助于引导你作出决策。

（4）计划和安排工作

设定一个时程表，在这个时间内完成你的计划任务。任务包括如何安排时间、如何获取题材、技术设备的选择等，这些内容都十分重要。如果时间比较宽松，可以适当给自己安排额外的寻找灵感的时间。

（5）确定研究范围

这个步骤并不是要你立刻决定整个研究过程，因为在设计过程中会遇到各种各样的状况，保持持续的确认和补充即可。这个步骤要确立的是研究的范围，并找出各种重要探究的初步资料。你感兴趣的主要理论概念是什么？哪些从业人员在这个领域中有相关作品？哪些相关领域可能与你的研究内容有关？

（6）选择创作起点

你会通过哪些媒介或者过程展开你的设计制作？这并不是一篇书面文字，而是创造事物的过程，因此从一开始你就必须找出具有可实施性的方法来探究你的想法和兴趣，这一点十分重要。

（7）测评实验

初步设计阶段，无论整体制作过程耗时多久，都可以把专题转化成迷你版并以实物呈现出来。先采用简单易操作的素材进行制作，以便测试作品的可实施性和其他意想不到的可能性。先用尽可能短的时间制作一个迷你版的作品，再用稍微长一些的时间制作一个作品，并观察两个版本的区别。在制作过程中不要想太多，先看看手边有哪些素材是可能用来创作的。

（8）制作成品

我们建议可以规划出一段你能接受的足够制作的时间。在这段时间里，你的想法可以随时改变，也可以进行更深入的研究，并不断测试和改进你的作品，向你所期望的最终目标不断努力，直至完成作品。

四、设计方法

1. 基础方法

（1）审美与意识

让我们将“审美”一词拆开来看就是审视美好的事物，审美是让人分辨一个事物的美与丑。提到审美并不是设计师的专属，画家、舞蹈家、摄影师都懂得审美，审美通用于整个消费群体，所有群体的人都有审美，无非就是审美程度的高与低。审美让人知道什么是美的，意识在审美的程度上更进一步，意识让你知道如何创造美，两者是有本质区别的。一个人想要提高审美是可以达成的，但是意识的缺失就很难改变。例如，一个人能够判断出一件事物是美好的，但是他并不知道如果将其营造出来，这就是审美与意识的区别。

意识是思维的重组，思维的深度决定意识的高度。那么如何将思维转换成意识呢？首先，观察你身边的事物，观察它的两面性或者矛盾性，形成一个纯粹客观的理念，将这种思维运用到艺术范畴，观察当代的艺术形式，结合哲学与美学的观点，寻求可以运用到设计当中的灵感之源。你所理解的设计思维，决定了你设计意识的高度，所以意识的高度没有顶峰，只有不断思考不断进化没有终点，这便是所谓的格物致知。

（2）意识的建立

通过设计语言建立意识的框架。设计语言是设计手法与语境的统称，设计师需要储备至少一个方向以上的设计语言，并在这一方向深入挖掘，进而形成自己的知识框架。你设计意识的高度依附于你知识框架的深度，意识的高度与知识框架的深度是成正比的，知识框架构建得越牢固，对于设计的理解就越深刻。

探求意识的深度。意识的深度需要不断地在你研究的领域发现新的知识点，任何一种风格都不会是空穴来风，必然由这些依据将理论学习铭记于心才能与设计思维产生碰撞形成创意。

（3）设计比例

比例是局部与局部或局部与整体之间的具有连贯性的视觉关系。重要的比例关系理论有黄金分割比例、等分比例、西方古典比例和人体比例。

黄金分割比例最早是从古希腊建筑帕特农神庙的建筑立面上提取出来的，它的比例关系成了西方建筑的根基。黄金分割比例形成的图形中最经典的是正五角星，其内部暗含多个黄金比例。通常人们在看到正五角星图案的时候，都能够感受到图形形式的美感。另一个暗含黄金分割比例的经典图形则是黄金螺旋曲线，在平面设计和构图设计中较为常见。

等分比例在我们日常生活中接触的是比较多的。例如，空间设计中的墙面装饰线通常都会使用等分比例的设计。建筑设计中也会使用等分比例。例如，米兰大教堂的建筑外立面，完全通过几何形体的堆砌形成了一个十分具有代表性的哥特式建筑。等分比例是一种十分规整的排比方式，操作时尽可能做到有规有矩，让最终呈现出的效果能够使空间在一定程度上具有仪式感。

西方古典主义建筑很多都是通过柱式和入口开始的秩序感。西方古典比例在古希腊柱式中体现得淋漓尽致。古希腊建筑以其和谐、完美、崇高的特点将这些完美呈现，而柱式又无疑是其辉煌的点睛之笔。柱式代表着古希腊建筑承载人文精神的主题，三大柱式分别将其以不同的形式呈现出来。

人体比例在设计中需要结合人体工程学来使用。例如，展厅中的展品高度要考虑人的视线高度，居住空间中的操作台面高度要考虑人体上身关节活动高度范围，手机尺寸的范围要考虑人体手掌握度及宽度等。另外，西方古典教堂也在建筑平面中体现出人体比例关系。

比例关系的运用方式主要分为绝对尺度与相对尺度的运用法则。绝对尺度有具象形态与抽象形态两个层面。具象形态改变整体形态比例，抽象形态改变特征属性比例。相对尺度的运用法则是改变视觉尺度，即改变局部在整体中的比例关系。

（4）色彩关系

色彩是在一定时间传达的，人的视觉器官在观察物体时最初的20秒内，色彩感觉占80%，形体感觉占20%。通过对色彩关系的调整，设计能够产生更多的视觉美感，并加强设计元素的意义。在使用色彩关系时要注意以下基本原则：

控制颜色的数量。保守使用颜色，将颜色种类限制在人一眼扫过后能识别的数目之内。大部分的人色觉有限，因此不能只通过颜色来提供信息。

设置颜色的组合。要获得完美的色彩组合，可以适当合理地利用类似色和互补色，也可以采用大自然中的色彩组合。前景元素选用暖色系，背景元素选用冷色系。在搭配元素时，可使用相对安全的中性色。例如，浅灰色，不会与其他颜色争艳。

注意饱和度。考虑吸引注意力的时候，可利用饱和度较高的色彩；当需要突出产品性能和效率时，则用不饱和色彩。不饱和的明亮色彩通常被视为友善而专业的色彩；不饱和的暗沉颜色则被视为严肃和专业的色彩；饱和色比较有趣，充满活力。如果要结合使用不同的饱和色，请谨慎行事，因为它们在视觉上会互相干扰，增加眼睛的疲劳感。

考虑颜色的象征。在社会活动中，色彩非常容易带有政治、经济、文化、宗教等情感和象征因素。色彩的象征性及表现力，对大多数人来讲是共性的。由于各个国家的地域、气候、文化、宗教、传统习惯等差异，色彩的象征性也有一定程度的不同。针对目标人群选用颜色之前，必须先确认选用的颜色与色彩组合的意义。

（5）聚焦

聚焦就是直接并顺利的传递设计的核心信息，运用得当即神来之笔。

在一个画面中，有一个最吸引人眼球的元素，可能是由于其形态、材质与其他元素不同。例如，在环境中，所有物体趋于自然形态，只有球体是金属材质，在整个空间中反射性极强，与自然环境形成强烈对比；这个球体处于腾空状态，本身具有一定的方向性且构图处于居中位置等。通过一系列手法，使球体在整个画面中非常吸引人的注意，这种手法我们称为聚焦。

聚焦手法的两个方向：空间布局、形态布局。空间布局解决了我们做设计没有特点、平淡无奇的问题。形态布局通过色彩、面积、形体、亮度、虚实进行设计操作。利用色彩的各种属性，强化突出方案重点；利用面积将所有元素以绝对优势的比例集中在某一个面积内；形体尺度超乎寻常或外观与环境格格不入，即焦点；刻意加大元素亮度之间的差异；虚实可以是外观肌理的对比，亦可以是空间有与无的对比。形态的聚焦手法可以单独使用，也可以混合使用。

（6）反向

出其不意的巧妙设计往往采用反向思维来实现，反向方法主要是为了改善空间固有的缺点或者创造崭新的视觉或心理形式。反向的五大方向：空间体验反向、行为心理反向、主从层次反向、形式肌理反向、使用经验反向。

利用空间体验反向进行设计。例如，将建筑的主体楼梯通过突出展示或者隐藏的方法，使其能够控制整个房间的动线。或者将狭窄的楼梯做得很亮，使用反向黑，就使空间有了隐藏楼梯的效果。

使用行为心理反向设计一个冰窖酒店，室内空间都是冰块效果的材质，看上去很冷，其实里面温度很高，从体感温度上有着明显的温度反差。我们做一个看上去很坚硬的门，当人去推开它的一瞬间手掌的触感却是柔软的，从行为心理上形成了较大的反差。这些现象都属于行为心理反向。

主从层次反向在设计中比较常用，如我们熟悉的蓬皮杜艺术中心，通常建筑的外表皮在装饰上处于主导地位，这里的楼梯裸露在建筑外部，使结构变为外观，将原本是外观的建筑表皮放到里面。又如，将一棵树作为整个室内空间的主导元素，光斑在一定的时间段受瞩目的程度会大过树，树的星星点点与光斑的形式呼应。这些设计中的操作方法都是主从层次反向。

形式肌理反向中可以使用坚硬的材质塑造柔软的造型；利用坚硬建筑外立面表现柔软的水面造型；早期人们用丝巾试用香水，利用金属展现试香时展开的布料，既保证了桌面一侧的私密性，又体现了香水的一种文化感。

使用经验反向中较为常用的概念是失重感。例如，在店面产品展示的场景中做出飘浮在空中的人物或物品；耐克跑鞋快到擦出火花，飞起来的感觉，地面被踩裂的装置；在橱窗设计中通过透视原理营造出进深很大的空间感，但实际上却只有一米左右。

（7）象征

中国传统象征体系可分为两大层次：一是表层象征系统；二是深层象征系统。表层象征系统即以具体事物或行为作为象征，它包括行为象征、实物象征、言语象征、数字象征、颜色象征等。中国传统民居中的照壁，大户人家通过照壁往两边走，照壁上通常会雕刻各式各样的纹样，如竹子象征着刚正不阿，莲花象征着出淤泥而不染，拐子纹象征着子孙绵延不绝、人丁兴旺，蝙蝠象征着幸福美满等。

西方象征包括具象、抽象和意象。象征人类学就是透过现象看本质，透过现象看一个民族的文化结构和实物分类体系，透过现象看文化的功能和意义，透过现象看行动者的中心观念和指导原则。

（8）渐次

渐次是指节奏与韵律并存的构成方式。渐次的三大层面为空间的渐进、信息的渐知、形式的渐变。空间的渐进开启了空间划分的新方向；信息的渐知通过信息点的设置，连贯整个空间的动线；形式的渐变可分为平面方式、立体方式、混合方式。平面方式的形式渐变可以是近大远小的渐变，亦可是自上而下由密倒疏的渐变。立体方式的形式渐变在空间设计的屏风、玄关、楼梯等元素中有诸多体现。混合方式的形式渐变通过光影将屏风曲线和墙面画面的曲线，由二维到三维的渐变，由虚到实的渐变。

视错觉是改变或改善空间特征的万金油法宝。视错觉的主要方法：大小错位、明暗视差、长度视差、角度变形、透视错觉。在使用大小错位方法时，用大窗帘遮挡小窗户，大小错位，窗帘通顶，感觉窗很高，感觉层高很高。窗洞口很厚很深，看着比较笨重，想要让窗看上去小巧一些，用绘画作品对比，画比窗高，人就会认为窗户没有那么大。例如，在室内做灯带，背景墙是白色还是灰色，出来的效果完全不同，这就是明暗视差。长度视差的应用比较广泛。例如，通过横线，让层高看上去更高一些；竖向小线条，使书架看起来更宽一些，横向隔板是层高看起来更高；切割效果，让灯看起来更长一些。角度使用斜线条，让空间看起来更高，或者仰视一个大楼视觉上产生的透视效果。在透视错觉中，如果空间的顶面、墙面和地面都是白色，将窗框做成粗线条的黑色，视觉上感觉黑色窗框即墙体边框。吊顶外边框、柱子用灯带，内圈用不锈钢，视觉上则被认为是实际高度。空间顶面使用与地面一样的材质，中间圈梁吊挂，做出了镜面的效果，使空间看起来更大。

2. 通用方法

（1）外观效应

外观效应法则指的是人们通常认为一个设计的外形如果美观，在使用功能上就更具有实用性。无论事实上是否如此，人们都会习惯性地这样认为。事实上人们通过实验也证明了外观效应法则的实用性，设计的使用情况和心理层面的认可度都在一定程度上受到了这一效应的影响，且影响深远。

多数情况下，美观的设计在观感上更容易让人们接受，实际使用是否合理一定程度上不在其考虑范围内。反之，使用功能合理实用的设计如果在外形上不够美观，人们对它的认可度就会比较低，且不会为其埋单，这样一来它合理实用的功能便会失去价值。在现实生活中，这样的认知偏差是很难被改变的，人们在对产品实际体验后甚至都很难发现他们的行为认知偏差，以及由此引发的互动行为都是很难被改变。调查显示，一个人在与另一个人初次见面时，第一印象在很大程度上会影响你对这个人的总体评价，包括在未来时间与这个人相处时的态度，而且你在与这个人共事时与他的相处方式、交流内容以及对他的整体评价都会受到明显的影响。同样，事物亦是如此。例如，人们在使用电脑时对于产品的质量、使用方式以及使用寿命的认知，与他们对于电脑的初步印象有很大关联。也就是说无论是人或事物，第一印象都是非常重要的。

美学在设计中扮演着十分重要的角色。相比较之下，较为美观的设计更能够使人形成积极的、正面的、较好的态度，由于视觉观感带来的喜悦人们也更容易接受它的功能不足。一个产品如果能引发人们正面的、积极的态度，在没有刻意灌输信息的情况下能够轻易说出它的名字和产品特征，并且能够与其建立某种情感共鸣。那么这样的设计在使用人群中的辨识度和记忆度相对较高，从营销角度来讲便是成功的；反之，结果则会完全不同。在品牌营销中如果能够一直保持着积极正面的态度，会让人们对这个产品的黏性大大增加。一个产品如果拥有了客户的喜爱度、忠诚度和包容度，这些因素将使它拥有人们对它的长期使用选择，当人们对于一个产品的使用依赖度增加，这便是设计获得成功的关键所在。

产品落地的过程也是十分重要的，设计师的设计理念需要通过产品本身来传达，而实际生产制作的过程决定了产品最终呈现的效果是否能与设计师的初衷达成一致。消费者与设计的互动主要体现在与产品的亲密接触中。如果实际制作出来的产品能够达到标准，设计师的设计理念可以通过产品本身进行正面积极的互动从而得到提升。反之，如果实际制作的工艺不达标，就会影响消费者的体验感，也会影响设计师对于设计理念的传达，不但扼杀了创意，也降低了产品在使用过程中的体验感。

设计时对于美观的追求是必要的，人们永远喜欢那个更美观的产品。人们在认为它更美观的同时，还会认为它更实用。如此一来，美观的产品就更容易被接受，且更容易得到人们的长期使用。对于设计师来说，美观在设计过程中更容易激发创意灵感，创作出更好的设计，并且更能够帮助产品获取与消费者之间的正面关系，让人们由于产品的美观而认为它们也同样实用。

（2）功能可视化

从功能上来看，某些物品或某些空间环境看起来更适合某些功能。例如，在一个空房间里人看到一把椅子，就会自觉地坐上去；看到一个工具会想用手拿起来；看到一个球形的物体会想让它滚动起来等。不过这并不意味着椅子不可以站上去；工具不可以用头顶起；立方体不可以滚动。而是说椅子更适合坐上去；工具更适合用手拿起来；球形更容易滚动。这些特质会影响人们的认知，认为它们所具备的功能和使用方法就是如此。

一个物品或者空间环境的功能可视化如果符合人们的感官预期，它的设计便会轻易地被人接受，且有较高的使用率。但是如果这个物体或者空间环境的功能可视化与预期的功能相抵触，人们便会认为产品不易操作。对于设计出来的产品的接纳度就没有那么高了，当然使用程度也会大大降低。例如，门把手，通常人在开门的时候需要判断这扇门是推开还是拉开，如果我们把门把手去掉的同时改变所在位置的颜色，这个门把手的功能可视化符合人开门的方式，人们可以轻易判断出开门的方式，门的设计因此而得以改善，这便很好体现了功能可见性。

生动的图像能够提升设计的易用性，日常生活中的很多物品或空间环境都能体现出这一特点。例如，商场里商品分类的标识与日常生活中此类商品本身的样貌看起来基本相同，因此人们在寻找这类商品的时候就知道寻找路线是哪个方向。商品分类标识本身只是一个概念图形，但在常见图标的视觉特征中我们能够辨识出实际生活中此类物品的特征。由此可见，这些标识可以用来提示有获取相关信息的使用者，使其了解对应的功能信息。

无论什么情况设计师在对物品和空间环境进行设计的时候都要尽可能

符合人们的预期希望值，对于优化的功能作用和使用方式也要尽可能合适。如果能够把功能可视化法则恰当地运用到设计当中，将会给使用者带来意想不到的效果。

（3）拟人化

在设计中人们通常倾向于在形式表现中寻找拟人化的特点，包括创作过程中的形式和图案，尤其喜欢模仿人脸或人的身体比例作为图形创作的雏形。这种效仿的倾向运用到设计中，能够有效地引起消费者的关注，建立较好的互动与沟通，在功能需求的基础上还能引发人们对于产品的情感诉求，通过与人本身相关的元素引起人们的共鸣。我们使用的很多产品在设计时都应用了这种拟人化法则。例如，现在市面上的大多数瓶装饮料，瓶身的形状都是以人体曲线的形式呈现的，且多数使用女性身体比例。瓶子被赋予拟人化情感，除了视觉体验有新意，还能通过展现人体曲线表现出健康、活力、性感等特质，因此也会吸引具有相同特质的消费人群来购买。对于拟人化的运用，不仅是人脸或者人体，也可以是其他某个器官，如眼睛、耳朵、手臂等。任何一个与人本身相关的元素，都可以激起人们的情感，可以是亲情、友情、爱情等，也可以展现出柔软的、自然的、神清气爽的等情感基调。虽然这种引用在产品功能上未必有多大的作用，但是大多数人处于情感因素认可它的外形，产品的接受度就会更高，使用者便会觉得它的功效更好。

在设计过程中，适当运用拟人化手法将抽象的拟人形式加入产品中，能更好地展现出产品的情感魅力。运用人体比例和曲线美的结合，可以引起人们对肢体相关特征情感属性的联想，如活力、健康等。利用圆润的人脸形态可以营造出可爱、温暖的情感联想。提取棱角分明的肢体造型，则会让人联想到健美、动感等情感属性。拟人化原则是一种吸引注意力和建立情感联结的设计手法。

（4）对齐

对齐原则在设计中比较常见。在设计过程中将设计内容的各项元素与某一个或者几个元素对齐。这种对齐处理可以使设计更加具有统一性和整体性，在这种秩序感包裹之下更具有美感和层次感，让作品看起来视觉清晰、条理分明。对齐是一种功能看似简单却十分强大的设计手法，它能通过设计操作引导使用者清楚的观赏整个设计作品。例如，平面设计作品排版所使用的网格或表格的列和栏，能明确体现出元素的相关性，通过对齐设计引导读者的阅读视线，让人们按照由左到右或由上到下的方式进行阅读和观看。设计介质的重要节点位置，如中线、边缘、对角线等也应该被视为对齐元素。

在带有文字的平面作品中，除居中对齐的文本格式外，左对齐和右对齐在设计中所体现的对齐暗示更为强烈。即使不能通过文字进行分栏，对齐的处理也能够呈现出清晰的视觉提示，在强调对齐的同时也能在一定程度上影响其他元素，使相关联的其他元素也能相应对齐。居中对齐的视觉提示与左对齐和右对齐相比就比较模糊，并且对相关联的其他元素的影响度也没有那么强，居中对齐的文本格式很难引导稳重的其他元素形成对齐。两端对齐的文本合格式从整体效果来看对于整体画面所呈现出来的整齐度是有帮助的，在元素较多或设计手法较复杂的版面中效果较为突出。

设计作品在确定对齐参考线的时候通常以行或列为基准，但也会出现更为复杂的个例。当我们以斜线对齐的方式操作版面，其对齐线的角度应该大于等于30°，否则将很难被察觉。当对齐方式采用螺旋形或圆形时，就需要特别强调对齐线，否则作品呈现出来的元素很有可能会比较分散且毫无章法，让人很难看出对齐方式。

通常我们在设计时会将内容按照以上对齐方式进行对齐处理，当设计元素不符合常规特点时，可以尝试强调对齐线。尤其是在处理复杂版面时，设计就可以考虑使用合理的对齐方式进行处理。

（5）魅力偏见

通常有魅力的人会得到更多人的欢迎。长辈会更喜欢他们，异性会更青睐他们，同样犯错的情况下他们会更容易得到宽容，参加竞选时他们获得的选票也会多一些。在应聘工作时，他们得到的机会会比其他人多一些，或者得到的薪水比做同样工作的其他人多一些。这种魅力偏见是在生理和环境因素共同作用下产生的结果。

从生理上来说，当一个人从外在和内在散发出魅力时，人们便会对其产生好感。这种魅力从外在看包括比例匀称的五官、理想的腰臀比、浓密飘逸的发型、男性健硕的身材、女性凸显的嘴唇等。生理因素的魅力是先天优势，无论在哪种文化中都一样。从内在看包括优雅得体的举止、落落大方的行为、幽默风趣的谈吐等。研究表明，人们通常会花更多时间来关注有魅力的人。

从环境因素来说，让一个成年男性表现出来的特征是有钱、有地位时，通常女性就会认为他是有魅力的，会被他吸引。如果这个人还有一个社会地位较高的职业，他的魅力值也会有一定程度的增加。在通过环境因素判断一个人的魅力值时，通常女性更喜欢有高薪和高学历的男性，而男性对女性的经济状况关注度不是很高。不同的文化中，影响魅力的环境因素差异是比较大的。

产品在面世之前会有广告营销策略，那么在广告宣传中如果将人物的外形作为设计主体，就要考虑设计语境中所使用的魅力偏见法则了。如果设计的关键人物是男性时，需要利用男性独有的魅力来突出人物特征，如健壮、动感、阳光或时尚等，并合理利用服装配饰展现人物的财富特征和社会地位。当选择女性作为宣传人物，那么在展现女性形象魅力时，需要更多关注腰臀比，结合所在宣传地区的文化中找寻衡量性感特征的标准并加以强化。

（6）生命力优势

长久以来，人们一直都认为人应该置身于大自然中，与大自然充分接触有益于身心健康。研究表明，更多地接触自然环境的确对人的情绪调节和身体健康有所帮助。

儿童在家中如果可以从窗外看到自然景观，对于孩子的注意力水平提高有一定好处。同样，如果大学生的宿舍外能看到自然景观，那么他们也会受到类似的影响。调查显示，人们需要的其实不一定是实际的自然景观，室内摆放的植物或是墙上挂的风景画也能满足人们对于自然景观的需求。虽然这些非自然环境能够给人带来类似的需求，但对于一般人来说，自然景观仍是首选。与现代社会的都市景象相比，人们更喜欢身处大自然，让自然环境的意象帮助我们恢复健康甚至是改善注意力。

设计中如果引入了环境因素，我们便可以考虑生命力优势效应。只要条件允许，我们便可以采用更多、更真实的自然环境，产生强烈的普及效应。但目前我们对这方面的研究还不够充分，还不清楚这种法则效应最大化到底需要多少自然的意象。建筑设计中给了我们一定的启示，建筑空间环境越接近自然，效果就越好，能够充分与周边环境融合的建筑才是好建筑。

（7）同类成组

人们把短期记忆力的一个信息单位，如一列数字、一组文字或一串字母成组划分。同类成组法则能够突破短期记忆的限制，将各类信息进行具体的归纳、编排和分类，使这些内容变成一个个小单位。将信息同类成组是最有效的短期记忆手段，如在单词记忆的过程中将一定数量的单词划分成几个单词组，这样记忆效果基本与同等数量的单个单词是相同的。

同类成组能够使设计简单化，它可以用来处理与记忆相关的任务，这类任务信息主要是用来搜索特定内容的，所以使用同类成组法则将会事半功倍。当我们需要使用信息解决问题时，就可以把信息进行同类成组处理，而在搜寻信息时则不适用。当注意力受到环境的影响，短期记忆能力便会随之减弱，这时考虑利用同类成组法则把关键的信息同类成组以便于领会。在使用同类成组法则时，请同时分出三到五个群组。

（8）完形

完形法则认为，人在看到一个元素时会自然将其看成一个更容易辨识的简单图形，而不是实际存在的复杂形式。人们更青睐于看到简单的形体，以至于会将实际复杂的图形在大脑中处理成简单图形。例如，当使用一个个条形物体围绕出环形路径时，虽然每一个条状物体都是独立的直线且两个条状物体之间还有缝隙，但是人们的第一反应却是将其视为一个完整的圆形。由此可见，人们更偏爱于简单的形体和规则的图案。

一个元素的规整程度决定了它趋于完形的程度，元素越接近于规则的几何图形，完形的特征就越明显，所达到的效果就越强烈。设计师可以一定程度地使用过渡性元素，让人们找到规则图形的特征，提高设计的辨识度，创造出完形的效果。我们在设计完成后，可以通过观察人们辨识个别元素的时间和精力来判断是否存在完形现象，如果辨识过程中耗费了过多精力，那么证明实验失败。

完形需要通过减少元素数量来降低其复杂程度，设计师在设计过程中需要考虑如何处理设计才能便于传达信息。例如，在一个标志设计中，有效减少图案线条，不但看起来更加简洁，还会通过减少线条过程中所做的巧妙处理而感觉设计的趣味性。我们无须过分担心减少线条会影响设计信息的有效传达，通常人们在观赏作品时会在潜意识里参与设计，并不同程度地补足设计。很多具有叙事性的设计也充分利用了类似的完形技巧。例如，在漫画书中呈现给读者的是分镜头画面，但是读者在看书的时候会自行将所有画面进行连接处理，将画面之间所发生的故事串联起来形成一个完整的故事情节。这种故事线的组合形式结合了作者与读者双方共同提供和完成的内容。

在设计过程中可以通过完形来得到一个完型过程，既能够降低内容的复杂性，同时也增加了趣味性。当设计多个复杂图案时，可以考虑使用过渡性元素进行处理，从而帮助观看者寻找或者生成一个更简单的图案。

（9）统一性

当我们将系统相似的部分用统一性方法表现时，能更好地改善系统的实用性，这就是统一性法则的特征。统一性能让人有效地把知识运用到新的情境中，并快速学会新事物，同时也能让人专注于与工作相关的事物。统一性分为四种：美感统一性、功能统一性、内部统一性与外部统一性。

美感统一性是指风格与外观的统一。例如，一个产品包装设计使用统一的图案、色彩和字体。美感统一性通过调控风格与外观的统一能在一定程度上增强设计的辨识度，让人通过视觉特征的某种统一而产生共鸣，建立特殊的情感。很多汽车品牌将标志安放在车头和车尾的中心位置就是这个目的，将一个本身就具有一定辨识度的品牌标志突出展示，能够让人联想到生活品质与身份地位，从而给使用者更好的体验感。

功能统一性是指意义与行为的统一性。人们通过对已知事物的了解来判断设计的具体功能，在此基础上还能让方案更加简单易懂且使用更加便捷。例如，录音机的功能按钮会出现在幻灯片的功能选项中，人们对于录音机上播放、暂停、快进等功能图标十分熟悉，把这类图形运用在新产品上，既能让人快速识别新产品的功能，又能使新产品变得简单易操作。

内部统一性是指同一系统中各元素间的统一性。例如，一个办公楼内部的标志在设计时将色彩、图形、文字统一处理，保持了整体上的统一性，人们看到这种统一的秩序，就会建立信任感。在任何情况下，元素之间的形式与功能都要保持统一。

外部统一性是指与外在环境的其他元素统一。我们将内部统一性的优点延伸到外部统一性，单一的系统变成多重、独立的系统，环境因素将变得相对复杂，因为不同的系统很少遵循相同的设计标准。

在设计过程中要确保形式与功能的统一性。若要创造出独特而易于辨别的设计特征，就要使用美感统一性法则。若要简化使用方式，并让设计更容易上手，就可以使用功能统一性法则。做系统设计时，要确保拥有内部统一性，同时尽可能符合外部统一性。

（10）曲线效应

人存在一种恐惧反应与侦测潜在威胁的潜意识相同，当人们看到物体中存在尖锐角度的造型时，就会激活大脑中潜在的恐惧，给人带来相应的情绪影响，这就意味着具有棱角分明的造型特征会影响人们对物品的情绪感知和美学认知。我们将两个同类别物体放在一起时，其中一个带有尖锐角度另一个呈曲线形，人们通常会更青睐那个带有曲线造型的物体。实验证明，人天生就对带有曲线造型的物体具有好感。

根据日常生活中的需求来看，虽然人们更青睐于曲线造型，但是有些事物从功能角度考虑并不一定合适，因此在设计方案的过程中也不能完全参考曲线效应，要根据实际情况综合考虑。实验证明，曲线是影响人整体感知很重要的一个因素。实验不会选择可爱的洋娃娃作为参照物，因为人们对于洋娃娃天然带有好感；也不会选择锋利的刀具作为试验品，因为多数人看到它会产生负面情绪和不好的联想。尖锐的造型会在人大脑内部对处理联想有关的区域产生强烈的刺激反应，虽然人们在情绪上对于这样的物品接受度不高，却能令人深思，给人带来更有刺激性的感受。尖锐的棱角有助于吸引人的注意力，激发创新精神；曲线造型则有助于产生正面情绪，符合人们的内心感受和美学追求。

在设计领域，多数情况下都存在曲线效应，尤其是具有一定情感表达需求的物品或者环境。一方面，我们通过利用尖锐棱角的特质来吸引人们的注意力，激发创意思维。另一方面，当我们想要营造积极正面的印象时，就需要利用曲线造型来达到目的。因此，我们需要根据设计元素的情绪倾向来决定棱角度的使用范围。

（11）复读机效应

当设计元素重复出现时，就会发生复读机效应，设计的喜爱度和接受度也会因而有一定程度的增加。当我们看到一个广告时，如果将一句简单的广告词重复多次朗读，就会给人留下深刻的印象。当我们听到一首歌曲循环播放时，在某种程度上更能够征服听众。利用复读机效应时，重复出现的元素要是积极正面的事物或者是中立的，如果重复使用的物品令人反感，则无法达到宣传的目的，人们会对它更加厌恶。复读机效应法则通常运用在音乐、绘画、影像及广告作品中。

由于人的观看特征，受到视觉疲劳的影响，复读机效应会出现随着出现次数的增加而递减的情况。丰富的、有趣味性的、有刺激感的事物能够放大复读机效应，反之则会减小。这种清楚出现在照片、词语等简单形式中的时候效果较强，出现在人像和听觉刺激等形式中的时候效果较弱。从作用时间上，元素重复的次数越多时间越长，复读机效应的作用就越小。

人们通常都会更喜欢他们经常能看得到的事物，在视觉设计中，人们对于一个事物的熟悉程度是很重要的，它直接影响了他们对于这个事物的喜爱度和接受度。很多当时不被接受的作品随着时间的推移，熟悉程度的增加，人们会逐渐接受并且开始喜爱它们。例如，毕加索的立体派作品、古斯塔夫·埃菲尔设计的埃菲尔铁塔、弗兰克·劳埃德·赖特设计的古根海姆美术馆等，都随着曝光次数的增多，逐渐被大家认识和喜欢，其认知度和受欢迎的程度也得到了提升。复读机效应通过对设计元素一定程度的重复呈现，能够达到很好的宣传效果，在广告营销中就比较适用。这种方式能够提升人们在设计可靠性和美感上的体验感，改善人们对于设计信息的认知。

（12）斐波那契数列

斐波那契数列在自然界中无处不在，如海螺、花瓣、卷心菜，以及人的五官比例、手掌和脚掌的比例，都暗含斐波那契数列。斐波那契数列是由一系列数字组成的，其中后面一个数是前两个数的总和，如1、2、3、5、8、13、21。很多设计师会根据斐波那契数列的特征进行设计，勒·柯布西耶把人体比例与斐波那契数列结合在一起，并推演出属于他的“模度尺”，这种具有古典建筑比例与测量系统的衡量标准能够帮助我们完成实用且美观的设计，我们在设计时可以适当使用斐波那契数列模式。与斐波那契数列关系密切的还有黄金比例，通常人们会将斐波那契数列与黄金比例配合使用。

在设计领域，斐波那契数列被广泛地应用且具有一定的影响力。当设计中需要体现几何图形、有趣的构图以及表现元素之间节奏和韵律的时候，就可以考虑适当的使用斐波那契数列。需要注意的是不要将斐波那契数列强加于设计中，如果契合度不高，斐波那契数列的使用可能会造成设计的比例失调。同样，如果设计内容适合，也不要错过使用它的机会。设计师应该具备对斐波那契数列合理利用的能力，让你的设计方案在满足功能需求的基础上拥有更高的美感价值。

（13）黄金比例

无论是在大自然中，还是在建筑和艺术中，黄金比例无处不在。黄金分割点约等于0.618：1，是指将一段线分为两部分，使得原来线段的长跟较长的那部分的比为黄金分割的点。它在造型艺术中具有美学价值，在工艺美术和日用品的长宽设计中，采用这一比值能够引起人们的关注，在实际生活中的应用也非常广泛，建筑物中某些线段就科学地采用了黄金分割，舞台上的报幕员并不是站在舞台的正中央，而是偏向台上一侧，以站在舞台长度的黄金分割点的位置最美观。就连植物界也有采用黄金分割的地方，如果从一棵嫩枝的顶端向下看，就会看到叶子是按照黄金分割的规律排列着的。在很多科学实验中，选取方案常用一种0.618法，即优选法，它可以使我们合理安排较少的试验次数找到合理的方式和合适的工艺条件。正因为它在建筑、文艺、工农业生产和科学实验中有着广泛而重要的应用，所以人们才尊称它为黄金分割。

人是自然界长期发展的产物，人体美在自然美中具有较强的完整性。人体相关各部分之间是符合黄金比例的，肚脐是黄金分割线的黄金点。在人的潜意识里，对于黄金比例的美感有着某种程度的偏好。研究表明，人们在对不同比例长方形的选择中，明显更喜欢拥有黄金比例的那一个。无论黄金比例是传承了人类先天对于美感的某种偏好，还是设计方法的某种技巧，毋庸置疑它对设计界的影响一直都在。在不影响整体设计的情况下，设计师可以适当运用黄金比例，并探索其在设计中更多的可能性。

（14）图底关系

图底关系是众多设计操作法则中较为常用的一个，平面设计中的正负形就是由图底关系转变而来。说得通俗一些，就是视觉主体和背景之间的一种关系，相互依存且在一定条件下可以相互转化。在多数情况下，当你注视一个杯子时，这个杯子就是图形，其余的部分就成了背景，但当你注视背景部分时，那这部分也成了图形，而杯子则成为背景。

当一个设计作品的图底关系很清晰时，图与底就处于相对稳定的状态，图形元素受到的关注就更多一些，人们对于图形元素的印象也更加深刻。当图底关系不够稳定时，图形元素的关注度就相对模糊，并且在不同情况下会产生不同的理解，图形元素的不稳定导致图底关系的不确定，让图形与背景之间出现不稳定转换的情况。想要突出重点，在作品中清晰地划分图形与背景，就要将这种不稳定状态调整到最低限度，以确保设计中产生的是一个稳定的图底关系。

空间关系中的图底通过实体与虚空表达。例如，建筑空间关系就是通过建筑实体与空间虚体间的相互作用呈现的，传统城市空间中的图通过虚空部分表达，底通过实体来表达，而现代城市空间的表现方式则相反，实体为图虚空为底。空间的创建不仅是对实体的研究，更是对空间的研究，就整体关系而言，虚体比实体更具有研究意义。

（15）层级关系

设计系统中可以通过层级关系进行归纳，明确的层级关系能有效增进对系统的了解，如将主要内容整理成纲要、将不同类别的内容设置成思维导图等。在整合内容的过程中，要注意设计元素与元素之间的关系，合理准确地划分层级关系，元素的主要内容、大小、距离等对层级划分都有影响。我们通常将上层元素定义为母元素，下层元素定义为子元素。想要在视觉上呈现元素的结构，可以通过以下三种方式：树状结构、巢状结构和阶梯状结构。

层级结构的复杂程度决定其呈现方式，通常层级结构比较复杂时，可以考虑使用树状结构；层级关系比较简单且整体呈聚集成组状态时，可使用巢状结构；系统整体形势无法预估的情况下，通常我们会使用阶梯状结构。设计师需根据不同情况灵活切换层级结构的方式，有选择性地利用最适合设计内容的层级结构，以便达到更好的呈现效果。

设计方案首先需要满足人们的基本需求，称为需求层级。设计只有在满足基本需求的基础上才能继续考虑创意类的更高级的需求。一个好的设计一定是建立在满足需求层级原则的基础之上的，而不好的设计可能在基本需求都还没有满足的情况下，就开始设想其他层级需求了。我们在设计时需要注意是否满足以下几个关键层级：功能性需求、可靠性需求、实用性需求、熟练度需求和创意需求。

设计的本质是为人服务的，满足功能性需求是设计需求中最基础的设计需求。在日常生活中，通话、信息传输、图片分享等功能是一部手机应该具有的基本功能，这个层级下的设计价值并不高级，却足以满足人们的使用需求。

同样还是这个手机，它的可靠性需求是在满足功能性需求的基础上追求设备使用的持续性，用户需要设备能够持续使用且系统保持稳定状态，能够播放出令人满意的音质和画面效果。如果这个设计方案的表现不够稳定或者经常性出错，它的可靠性需求就无法得到满足，这个层级的设计价值也就相对较低。

实用性需求取决于设计的操作难易程度和包容性。在初次使用某个款式的手机时，使用者应该能轻松地找到手机的基础功能，包括拨打电话、发送信息、传输图片等。即使部分使用功能没有准确操作完成也不会因为误操作而造成较大损失。如果设计中出现了使用难度过高，误操作概率较大，或者导致严重错误的情况较频繁，那么它的实用性需求就无法得到满足。

熟练度需求是指能够让使用者在使用时对产品的操作比以往做得更好。例如，能在更短的时间内通过关键字检索到使用者想要查询的联系人信息，如果通过人工查找时无法在短时间内完成，它便做到了大多数人都做不到的事情。

创意需求存在于以上需求已经被满足的基础上，尤其是满足功能性需求。使用者在满足了基本的使用需求后，会开始追求创意的新颖和形式的独特。在这个层级上做出投入的产品，通常会收获使用者更高的忠诚度和喜爱度。

在设计过程中，设计师要根据不同层级需求的特点进行合理分配，在保证基本需求的基础上做更高层级的设计升级。掌握每一种需求层级的优势与弊端，合理运用到设计方案中，以确保设计最终的呈现效果。

（16）内容强调

人们如何能够有效地获取设计中的重点，这就需要设计师通过对重点内容的强调来完成。我们可以通过内容强调的设计法则，突出表现重点内容以及展示这部分内容的优势。

在通常情况下，在一个设计作品中内容强调的部分一般占比不会太大。被强调的内容在设计中如果占比过大，对设计本身的效果会有反作用。内容强调的手法在使用中要适当控制比例，精简且巧妙的使用，并保持一个平衡状态。

内容强调在平面作品中应用广泛，如设计中的文字、色彩、图形效果等。文字的应用通常表现在字体、字号、行间距、字间距、字体粗细、倾斜程度等。如果想要让字体设计看上去独特，可以考虑将其加粗、倾斜、添加下划线等处理方式。当需要强调标题或者关键字时，可以使用大写、变换字体等手段。使用不同色彩对于视觉效果有着较明显的效果，但也要注意适当使用，并且要配合其他设计法则来使用。例如，调整色彩的明度、饱和度、冷暖对比、使用面积等。不同的图形效果也能起到强调的作用，图形是很重要的表现手法，好的图形创意有着丰富的内涵和强烈的视觉冲击力，把它应用到插图中能使其艺术价值得以提升，也是艺术的更完美表现。

（17）过渡填充

人们似乎对于空白的东西缺乏安全感，总是希望将空白的地方填满，便会产生一种过渡填充效应。研究显示，对于空白缺乏安全感的现象与价值感有关，一个物品空白程度越大，价值感就越低。例如，在橱窗展示设计中，人们通常会将卖场橱窗尽可能地填满，尽可能高效利用空间去展示展品。而高档的精品店橱窗通常只有一个模特或者一件展品，并不会挂满橱窗。这种现象告诉我们通常橱窗展品的数量与价值成反比，我们在设计过程中需要关注这种现象，并合理调整你的作品中过渡填充的问题。

很多广告设计和商业展示设计中，都存在过渡填充的问题。设计师需要通过使用者的喜好来判断是否避免过渡填充的现象。对于一部分喜欢极简主义的人我们可以适当留白，而对于其他人可以适当考虑填充设计。有调查显示，经济条件比较富足或教育程度较高的人更喜欢极简主义的设计，而相对贫穷或教育程度较低的人群可以接受更多的填充内容。

（18）性别差异

男性与女性之间有着天生的性别差异，有一部分认知行为在幼儿阶段就已经显现出来。通常男孩比较喜欢射击、格斗等游戏，而女孩则比较喜欢生活成长类的娱乐活动。现如今的社会结构特征对于男女性别差异所表现出来的行为区别有一定关系，但研究表明，更多差异特征取决于生理构造。从古到今，无论社会文明程度高低，男性与女性差异一直如此。我们的祖先为了生存，每天分配给男人和女人的工作是不同的，男性外出打猎寻找食物，女性则以收纳为主采集食物和在家中照顾孩子。虽然随着社会的发展，分配内容产生了变化，但还是继续影响着我们的行为和偏好。男孩依然喜欢玩玩具汽车，而女孩仍旧更偏爱洋娃娃。

在设计与儿童相关的物品和环境时，我们可以适当参考性别差异法则。在设计男孩的玩具时多体现追踪、掠夺等与肢体活动相关的游戏内容，而设计女孩的游戏项目时，将收纳、美学以及人际交往和互动相关的内容融入其中。在设计男装时，可以多考虑便捷、易清洗等实用性因素；

在设计女装时，更倾向于色彩搭配、款式新颖等视觉效果。无论是功能、外观、内容或是操作方式，男性和女性的差别都非常大，甚至是完全相反的。

（19）图像化

图像化指的是通过图像语言的使用提高识别性的一种表现手段。人们对于具有图形特征的信息通常会更容易发现、识别和记忆，如门头设计、指示标牌、手机软件等都运用了图像化的形式。图像化有四种基本的操作类型：类似图像、举例图像、象征图像和强制图像。

图像化能够让信息的传播更加简单易懂，突破不同文化和语言的壁垒，节省显示区和控制区的空间。当表现的事物简单具体时，可以使用类似图像；如果想要表达的内容比较复杂，则用举例图像；若图像与传承久远的符号有关，可以考虑使用象征图像；当图像化作为某个行业标准来使用，应使用强制图像。设计师需要根据具体使用需求来判断设计方法，图像表示应清晰，风格和色彩应统一，图像语言应使用得当。

（20）模拟

模拟是指在自然环境中模仿熟悉的事物或者环境特征，来躲避或吓退具有危险性和攻击性的其他生物的行为。在设计中，通过模拟的手法将事物或者环境特征运用在产品上，使其功能性、适用性和喜爱度都有所增加。运用到设计中的模拟形式常见的有以下三种：表面模拟、行为模拟及功能模拟。

表面模拟是指产品的外形看起来与某种事物比较相似，具有其外部形象的特征。例如，音乐播放器的软件图标做成一个音符的外观，就是为了让它看起来有与音乐相关的功能。当设计师将人们熟悉的事物或环境元素运用到设计中，如果从表面外形就能看出设计意图，便是设计师在利用表面模拟提示我们设计的功能或用法。

行为模拟指的是通过模拟自然界中生物的行为特征，让产品看起来像它。例如，让飞机看起来像飞行的鸟类。在选择行为模拟的对象时，要注意选择对象的行为特征不要过于复杂，通常在产品中使用行为模拟能够提高使用者的喜爱度，但如果大量使用复杂行为，就应该慎重操作。

当一个产品出现与其他事物相同或者相似的功能时，就是功能模拟。功能模拟对于解决结构方面的问题十分有效，如望远镜模拟了人眼的观看范围特征。如果现有的解决方式和类似的设计方案被模拟，人们就可能对设计产生深入的理解，设计质量也能得到飞速提高。但是也要注意使用方式，在遵循物理原则的基础上合理分析和应用。例如，早期人们在设计飞机的时候，曾经模拟鸟类拍动翅膀飞行的特征，这种特征无法得到合理的转换使用，因此对于功能模拟应该慎重使用。

在设计领域的发展过程中，模拟是一个可行性与有效性都较高的方法。表面模拟主要是利用外形特征的参考提高产品的使用性，应用时应保证人们对设计感知符合其功能或用法。行为模拟的优势在于能够快速得到用户的喜爱，但在使用时要注意选择对象的复杂程度。通过功能模拟，可以解决我们身边的结构问题，不过应用难度偏高，对于设计者的能力有一定要求。

（21）模数化

“模”的主要含义是法则和规范。“数”则代表了某种计算方法和规律。古希腊数学体系中将“模数”解释为数学计算中的系数。由此我们或许可以这样理解：“模数”代表的是某个理性的参数范围，各参数间存在着某些内在联系，这个范围内的参数和不同的内在联系规律共同构成了“模数体系”。显然，“模数”的意义并不在于数字本身，更重要的是它代表了一类比较理性的思维方式和设计方式。“数字”只是这种科学设计方法的“显性表达”。模数化设计追求的是微妙的数字关系，渗透着数学的美感。

随着现代工业革命浪潮的推动，模数化理论也得到倡导和推广。模数化意味着工业化生产；意味着调和设计工作中普遍存在的作品质量与设计周期的矛盾；意味着设计作品的灵活性、适应性。它与追求效能的“功能主义”，追求技术的“科学主义”有着密切的联系。在多种学科交错立体发展的今天，“模数化”在积蓄了千年的历史传承，经历数次设计革命的涤荡后，终于沉淀转化为更具实用性和可操作性的模式“模块化设计”，被广泛应用于工业、建筑、室内、园林、景观等多个设计领域。

设计的模块应该能够通过简单界面与其他模块进行互动，隐藏内部的复杂性，以减少系统的复杂程度，使结构层次更加直观。模块化可以使设计的可靠性、功能性和可维护性都得到一定程度的提高。随着社会的发展，模块系统的设计也不断进步，复杂程度比起非模块系统要复杂得多。只有对系统内部运作模式和环境极其熟悉才能完成模块化设计。在设计中，如果出现比较复杂的系统，可以考虑采用模块化设计。设计时需要先对整个系统进行全面的了解，现有系统给了我们可以逐步改善的空间，如果不够了解就不要随意使用。

（22）正态分布

有人认为我们的世界在很多领域经常发生极端事件，在一些领域中也许存在这样特别极端的例子，但是很大一部分领域极端现象都非常少，就像世界上没有身高20米的人一样，因为我们的世界大部分事物服从正态分布。“正态分布”这个词，听上去挺复杂，意思是其他分布都是特殊的，只有正态分布是一般的、正常的。有趣的是，正态分布不仅非常重要，而且特别简单。说起正态分布曲线，就是一条对称的倒钟形曲线，中间很高，两边下降，像个鼓起的小山。在正态分布的曲线图里，横坐标代表随机变量的取值范围，越往右，随机变量的值就越大。纵坐标，则代表概率的大小，最底下的概率是0，越往上概率越大。因为这条曲线是左右对称的，所以中间的最高点，就代表平均值出现的概率最大，数据最多，而两边陡峭下降，就意味着越靠近平均值，数据越多，越远离平均值，数据就越少。正态分布能给人充分的掌控感，每个案例相差都不会很大。

在正态分布中，最普遍的数值也是受测变量的平均值。当变量远离平均值时，它出现的频率就跟曲线下方的面积一样，会逐渐减小。设计的优先因素不一定是平均值，这在观念上并不正确，就算平均值出现得最多也一样。一般而言，在定义设计规范时，要考虑整个正态分布，因为设计方案势必要兼顾平均值，也要兼顾平均值之外的个体。

设计出的产品要尽可能为更多的人服务，使用者越多越好，通常设计实验中需要更多的人来配合测试，确定目标人群尤为重要。如果实验只选用了少部分人而进行特殊设计，那么数据的准确度则有待验证。正态分布就像一个标准、一个参照系，服从正态分布，可以直接用它分析，不服从正态分布，也可以为人类指明继续探索的方向。如果一个随机事件不服从正态分布，那它就一定不满足正态分布背后的中心极限定理。而不满足中心极限定理，我们就能知道，要么是它的影响因素不够多，要么是各种影响因素不相互独立，要么是某种影响因素的影响力太大，这就给我们继续探索指出了思路。

（23）操作制约

操作制约是让正面或者负面状态和某种行为产生联系，从而增加该行为出现的次数，想要调整行为，可以考虑使用操作制约来完成。例如，动物训练、教学设计、奖励机制、心理咨询等，都常用到操作制约。操作制约有三种基本方式：正强化、负强化和惩罚。

正强化会使某种行为与正面状态产生联系，且增加这种行为出现的可能性。例如，按动某个游戏的开始按钮，视觉与听觉方面就会得到正面的反馈，或者出现一个游戏奖励。当通过某种行为能够去除负面情况，那就叫作负强化，它能让人更有可能进入某种行为状态。例如，车内的安全警告系统，人可以通过系上安全带的方式让刺耳的警告声停止。如果在游戏中触碰某种物体，就会导致相应的惩罚或者直接扣分，这样就会产生不好的感受，像这种把某种行为与负面情况相联系，就叫作惩罚。我们在设计中尽可能使用正强化或者负强化的技巧，而尽量避免使用惩罚。

（24）线条方向性

线条的方向往往会对人的判断产生一定的影响。人们对于长短针时钟显示的钟表识别就比较高，因为时针围绕着中心点以30° 的间隔旋转运动，而这个角度刚好是一个人分辨线条时的最低限度，如果小于30° 识别起来就会比较吃力。

通常人们在观察线条时，看水平或者垂直的线条比较容易，而在判断倾斜线条时就没有那么准确。我们可以通过实验来评估一下线条的方向性，结果证明人们对于水平或者垂直的线条判断较为准确，对于水平或者垂直的线条敏感度更高。人们通常认为一个设计的主要元素如果是以水平或者垂直线条作为主要造型，视觉美感就会更强。在设计中运用接近于水平或者垂直线条作为主要造型是，人们通常会将其视为标准的水平或者垂直线来看待。

当设计中需要通过线条来区分元素或内容时，可以通过线条方向性的法则来操作。如果想要区分线条元素，可以利用角度偏差将两个线条定位角度偏差值定在30° 以上。当需要利用方向或者角度来评估时，可以在倾斜范围内用间隔30° 的视觉指示物来提升准确度。设计师可以通过利用水平或者垂直线来固定视觉，从而增强视觉审美效果，并由此与倾斜线元素做出区分。

（25）个性化

设计时为了迎合使用者的喜好而做出某些调整，结果往往事倍功半，无法得到使用者的青睐。近年网络电子商务平台使用率激增，调查数据显示在网络平台访问的人群中，最终完成交易的顾客占比通常要低，多数网站在设计方案的时候并没有搞清楚浏览者和买家的需求有什么区别。在网站设计时，设计者将关注点都放在了“访客”身上，但却没有注意到浏览人群与购买人群之间的差异，导致在数据计算上得到了并不准确的结果。这种访客主要是根据流量统计、意见调查和实用性测试所得数据而计算出来的，与销售方所需要的数据信息存在一定的差异。设计者为满足浏览人群的诸多需求而不断进行的系统更新、内容更新和细节处理，虽然能够满足这部分浏览人群的需求，却忽略了对这部分人实际购买需求的数据差异。面对这一类情况，我们就可以使用个性化来处理。

个性化顾名思义就是非一般大众的东西，在大众化的基础上增加独特、另类、拥有自己特质的需要，独具一格、别开生面的一种说法，打造一种与众不同的效果。设计中针对服务人群的个性化设计，主要指为小范围使用者创造人物概述档案，每一个档案都代表了某一使用者子群体。档案信息主要包括对使用者和利害关系人进行的访谈、市场调查、客户反馈以及与产品使用方法相关的统计数据。如果被正确执行，个性化所选取的角色数量就不需要太多。在设计中使用个性化手段的做法已经较为普遍，但是在其他传统方式进行对比时，发现这种方法手段的技术仍然存在很多不足之处。

个性化手段在设计领域的实施过程中还是有一定说服力，设计师和研发人员对于使用者的喜好特征和对于某种产品特征的敏感度会进行合理分配和运用，设计者可在设计的早期利用个性化来界定需求的先后顺序。

（26）原型设计

原型是利用一个原始的元素创造简单的甚至不完整的设计概念或雏形。设计师要掌握整体设计的需求，操作过程中不断地推出和改进方案细节。在设计初期，引用原型的整体概念进行初期创意的探索，可以在短时间内得到结果。例如，空间设计中的场景图主要是利用计算机渲染技术完成的，耗时耗力，那么在出图之前设计师可以先利用手绘的方法描画出一个概念图，在概念图中进行调整修改，确认最终方案后再使用计算机渲染。这样有助于设计团队节省时间，更高效地完成设计方案。

由于有些原型素材在功能和性能方面很有效，我们只在设计过程中需要它们，一旦利用完便会被舍弃掉。例如，新的汽车模式设计会先经过风洞测试，在了解汽车外形的空气动力数据后，对其进行改善。一旦获得所需信息之后，原型便会被舍弃。当然，这种现象也存在一定的出错概率，所有对于原型的舍弃我们都要慎重。

原型具有天生吸引力的外形、社会角色和故事的通用模式。人们会本能地被某种模式吸引。对原型模式的兴趣使人类的祖先具备了适应性优势，现代人则继承了这一兴趣。在设计中使用恰当的原型可以吸引更多人的关注。设计者可在设计过程中使用原型设计法则，对于原型开发与评估初步创意、探索和测试设计的功能和成效、寻找取代方案的元素等，都可以考虑使用原型设计法则。

（27）三分法构图

三分法构图最早使用在网格系统中，具体使用方法是将某一类事物在规定的轴线内横向和竖向各分成三等份，创建出含有九个方格的无形网格和四个交叉点。设计时将主要元素放置在网格的交叉点上，这样就能使重点表现的元素看上去更有秩序感，即使最终呈现出来的构图是不对称的，人们在观看时也能从中找到规律，通常这样划分出来的构图被认为是比较具有美感的。

三分法构图通常比较有视觉效果，且操作简单，在构建设计元素时对于关键元素的定位比较容易寻找。在此基础上，我们还可以加入中点、对角线等特殊定位点。当设计元素的作用强度大到造成了构图的不平均，可以考虑把主要元素置于画面的中间位置，而不采用网格的交叉点位置。如果周围环绕的元素或空间会强化主要元素的强度时，也可以适当考虑使用其他位置代替三分法构图的关键点。如果使用的主要元素在水平或者垂直位置上，就可以把元素摆放在同一方向的网格线上。

（28）绿地效应

绿地环境能够带给人舒适感，人们往往喜欢待在视野开阔的绿地环境中，拥有开阔的空间、茂密的树木、涌动的溪流。人们爱绿地胜过荒芜的沙漠、冰冻的雪山、枯萎的树林。关于绿地，以草原最具有代表性，通常生活在这种环境的人们所具有的存活优势远远胜于其他环境中的人。这样的优越感随着时间的推移和历史的演变，最终成了一种遗传倾向。所以，直至今天人们对于大自然的偏爱多数都给了开阔的绿地空间。世界各地的绿地空间在没有“串通”的情况下有着惊人的相似，无论是公园、民宿度假村，还是高尔夫球场，它们与绿地空间的相似度都极高，这印证了一种无意识的偏爱。

人们对于自然环境的喜爱是与生俱来的，儿童时期的喜爱程度最强烈，这种喜爱与文化、地域无关。但随着年龄的增长，人们所接触到的知识、文化及其他外界因素的影响越来越多，对于这种天生的喜爱会有一定程度的减弱。有研究表明，人们在选择居住或游玩环境的时候，多数人会选择开阔的绿地空间，而不去选择沙漠或雨林。

无论外界因素是否有区别，人们都更喜欢接触开阔的绿地空间，都更喜欢类似公园的环境。在空间环境设计或者自然环境绘画创作中，设计者都可以考虑使用绿地效应法则。由于这种偏爱在儿童身上体现得较为明显，因此我们在设计童话故事场景或者儿童游戏环境时，就可以考虑多使用公园、草原或球场之类的绿地环境。

（29）稀缺效应

当一件物品比较稀缺时，即使人们并不需要，也会因为数量稀少而极力争取的，这就是稀缺效应。当物品稀少时，人们对于它的渴望度就会提高，即使原本不感兴趣，此时也会采取行动，从而变得感兴趣。当供应量稀少时，需求量就会增加，未知的风险也会随之提高。人们的很多行为都适用于这一法则，如独家新闻、限购政策、限制资格、限制数量等。当一个新闻事件的结果很少有人能获取时，这条新闻就变得很值钱；如果一个商品限购一件且数量有限，那么想要得到这个商品的人就会更多，即使它的价钱并不便宜；在特殊时期，某种日常必备的生活用品数量暴减，那么这个商品就会变得供不应求。这种稀缺效应一旦公之于众，就会以迅雷不及掩耳之势蔓延开来。当人们渴望得到的事物非常独特且难以被取代的时候，这种稀缺效应就会达到巅峰状态。

这种方法可以运用在商业广告营销设计中，与普通营销手段相比，比较稀少和难以获得的东西总是显得更值钱一些。在设计过程中要注意衡量产品价格和获取的难易程度要适中，尽量保持一致。尽可能让需求效应看上去明显且真实，特别是突发性的需求，这样便可以将稀缺效应的成效最大化展现。

（30）讲故事

从古至今，人们都喜欢用讲故事的方式传达信息，从口耳相传的口述方式，到诗歌、散文或小说的文字形式，再到图片或电影的视觉影像方式。随着科技的发展，现如今又增添了数字媒体的方式，使用数字媒体讲故事，可以通过设计不同的影像效果、互动方式和教育软件来呈现各种各样的信息，让人们通过一系列的事件形成一个整体的观感体验。

通过对事件过程的描述激发起人们的想象力，唤起人们情感上的共鸣，加深人们对事件的理解。讲故事是知识得以代代传承的最早的使用手段。讲故事需要积累一些基本要素，包括场景、人物、故事情节、唤起人们情感的事件和氛围、引人入胜的节奏和步调。好的附加元素可以提升故事的品质，一旦失去了基本元素，故事的效果就会大打折扣。我们需要通过讲述其背景、角色、情节、气氛、进展等基本要素来丰富故事的内容，从而为观众梳理清晰故事的脉络。故事的好坏与讲述人无关。好的故事往往会套用原型故事的情节。利用讲故事来吸引听众，唤起情感共鸣，激发求知欲望。成功的故事叙述会让听众产生身临其境的感觉，仿佛自己也经历了故事中的事件，值得回味。只有使用方式得当，观众才能有情感上的共鸣，并将其变成自己的一部分。

3. 视觉传达设计

视觉传达设计是通过可视形式传播特定事物的主动行为。视觉传达设计大部分或者部分依赖视觉，并且以标识、排版、绘画、平面设计、插画、色彩及电子设备等二维空间的影像表现。在视觉传达设计过程中发现了一个现象，传播、教育、说服观众的影像伴随以文字会具有更大的影响。标志设计可以使人们获取大量信息，并很大程度地影响自己的生活观念和生活方式。分为政治性、公益性、文化性、商业性。包装设计是产品与消费者的媒介，起着保护商品、介绍商品、美化商品、指导消费，便于储运、销售、计量等方面的作用。字体设计为达到有效传达企业特定信息的目的，对文字的笔画、结构、造型、色彩以及编排等方面进行一定的艺术处理，使其形成鲜明的个性。图像设计以特定的图形象征或代表某一国家、机构、团体、企业或产品的符号。简明、直观、易识别。书籍设计对书籍的封面及排版等进行艺术化的设计，提高读者的阅读兴趣，从而加深对其思想性、文化性和知识性的认识。广告设计的各种手工或电脑的绘画手段或影像技术，以及利用复合方式进行创造性的图像设计，构思巧妙，表现独特。形象识别指运用视觉设计手段，通过标志的造型和特定的色彩等表现手法，使企业的经营理念、行为观念、管理特色、产品包装风格、营销准则与策略形成一种整体形象。

（1）视觉化

视觉是人类感知外部世界的一种重要手段，在人类认知世界的活动中具有不可替代的作用。在人们感受的外部信息中，约有80%源于视觉。视觉化将概念或数据翻译成图。不经意间，人类文化已经全方位地被“视觉化”了。现代传媒飞速发展，人类的视觉就不再只是简单的“看”，而是从最初的视觉经验，即看的经验，延伸至视觉文化。在这种常见的行为之后，观看实际上就是一种复杂的文化行为。由于科技的发展和生活节奏的加快，现代人进入了这样一个时代：耗费时间阅读的文字让人厌倦，让人不过瘾，需要图片不断刺激人们的眼球、激发人们的求知欲、触动人们的神经。挑剔的视觉需要设计师用智慧来满足。

视觉化表情越来越受到现代人的喜爱，不需要任何语言与文字的表述，一个图片或一个可爱的表情都能代替。“传达”一词源于拉丁语Communis，其本义是“给予”和“沟通”。“传达”一词的含义经过变迁，除了单方面的传达指令信息，更加重视“沟通”和“互动”的内涵。

视觉的竞争由以读解为中心的文字信息传达形式发展到信息含量大、可瞬间解读的视觉图像语言信息传达形式。传达领域的竞争逐渐转化为视觉影响力的竞争。信息化时代，人们如何展示自我，体现自身存在的价值，已成为人们追求的新目标。单方面的传达方式已显陈旧，视觉传达能充分考虑受众的多方面需求，提高受众的关注度，诱发互动行为。全球一体化的传达必须超越语言、经济、政治及教育等人文差异，具有普遍认知的形式。视觉传达成为最有效的表现方式。

（2）图形特征

视觉传达设计的构成要素按其表现形式可分为文字、图形和色彩三个构成要素。作为三要素之一的图形设计是关键的一环。图形设计得是否成功将直接影响三要素之间的关系，影响其内力和信息的准确传递、沟通理解。发现点、线、面要求观察者在万千世界中找到最单纯、最基本的构成要素，这样的寻找是容易的，因为其大量的存在；同时又是困难的，因为要从纷繁的影像中剥离出最本质的元素，需要对这三大构成要素的特性十分了解。

点是生命的开始，在画面空间中，一方面点具有很强的向心性，能形成视觉的焦点和画面的中心，显示了点积极的一面；另一方面点也能使画面空间呈现出涣散、杂乱的状态，显示了点的消极性，这也是点在具体运用时值得注意的问题。在几何学上点是没有大小、没有方向、仅有位置的。在造型设计上点却是有形状、大小和位置之分的。就大小而言，越小的点作为点的感觉越强烈。

点是力的中心，具有张力作用。处于画面视觉中心的点，吸引力最强。当画面中几点大小不一时，大的点吸引力更强。当画面中等大的几个点与背景的黑白对比不一时，对比强的点吸引力更强。当画面只有一个点时，视线集中在这个点上，并且具有紧张性。当画面中有左右对称的两个等大的点时，视线在两点之间来回移动，在心理上产生吸引和连接的作用。当画面中有三点在三个方向平均散开时，视线连成三角形。当画面中等大的几个点，其中一个点在画面视觉中心位置时，视觉吸引力更强。当画面中有两个大小不同时的点，大的点首先引起人们的注意，但视线会逐渐从大的点移向小的点，最后集中到小的点上，点大到一定程度具有面的性质，越大越空乏，越小的点积聚力越强。

点的错视指点在不同的环境下产生错误的视觉现象。明亮的点有处于前面的感觉并且感觉大，黑色的点有后退并且感觉小。本来有两个一样大小的点，由于一个点的周围是小点，一个点的周围是大点，这时产生的错视现象是原本两个相同的点产生大小不同的感觉。相同的点由于受到夹角的影响，会产生大小不同的感觉。点与线的关系是点动成线。点的线化由于点与点之间存在着张力，点的靠近会形成线的感觉，我们平时画的虚线就是这种感觉。

线是生命的延伸，线是点运动的轨迹，又是面运动的起点。在几何学中，线只具有位置和长度，而在形态学中，线还具有宽度、形状、色彩、肌理等造型元素。画家克利在包豪斯授课期间，曾这样给线下了定义：线就是运动中的点。从线性上讲，线具有整齐端正的几何线，还具有徒手画的自由线。物象本身并不存在线，面的转折形成了线，形式由线来界定，也就是我们说的轮廓线，它是艺术家对物质的一种概括性的形式表现。

线概括起来分两大类：直线和曲线。直线包括垂直线、水平线、斜线、折线、平行线、虚线、交叉线。曲线包括几何曲线、自由曲线。直线坚强、顽强、明确、单纯、简朴具有男性象征。水平线静止、安定、舒展、延伸，使人联想起广阔的地平线、广袤的田野、海平面。垂直线严肃、明确、坚强、挺拔、刚毅、上升、下降。过粗的垂直线代表信心，过细的垂直线又给人细弱、渺小的心理反映。斜线具有很强的方向感和速度感。曲线柔软，灵动、活泼、富有弹性，具有女性象征，不同的曲线可表示丰富的性格。不规则线粗犷而自由。线的错视灵活运用线的错视可使画面获得意想不到的效果。但有时则要进行必要调整，以避免错视所产生的不良效果。

面是生命的完善，面是线的移动而形成的，面有长度、宽度，没有厚度。直线平行移动可形成方形的面；直线旋转移动可形成圆形的面；斜线平行移动可形成菱形的面；直线一端移动可形成扇形的面。正方形正直、充实。长方形平静、稳定、严肃、伟大。圆形饱满、有张力、有生命力。三角形存在稳定与不稳定两种状态。多边形紧张、放射、不调和。浅色显大，深色显小，竖向条纹显高，横向条纹显宽。

（3）视觉流程

直觉思维是指对一个问题未经逐步分析，仅依据内因的感知迅速对问题的答案作出判断、猜想、设想；在对疑难百思不得其解时，突然对问题有“灵感”和“顿悟”；甚至对未来事物的结果有“预感”“预言”等。尽管直觉的产生极为突然，然而其生成绝非偶然。直觉的生成有其极为复杂的原因与条件。

发散思维又称求异思维，是指从某一对象出发，把思路向四面八方发散，探索多种解决问题方案的思考方式。聚合思维又称集中思维，是指从已知信息中产生逻辑结论，从现有资料中寻求正确答案的一种有方向、有条理的思维方式。

抽象思维也称逻辑思维，是对事物间接的、概括的认识，是放眼于事物的整体，并在对事物的本质分解考察中，运用概念、判断、推理和论证等理性抽象信息，揭示事物本质规律的一套思维结构。形象思维是一种以客观形象为思维对象，以意象为主要思维工具、以指导创造物化形象的实践为主要目的的思维活动。

（4）图形表现

同构图形指的是两个或两个以上的图形组合在一起，共同构成一个新图形。这个新图形并不是原图形的简单相加，而是一种超越或突变，形成强烈的视觉冲击力，给予观者丰富的心理感受。

在比较符合通常规律或比较秩序化的图形中，于某局部加入某种异变元素，使画面产生反规律性或反秩序性的特异变化，这时整个画面呈现的就不再是规律性或秩序性的图形形象，而是异构图形形象。

通过对实际成品形象的外形，进行模仿、变化的创意，从而组成另一种物象的形状，常有拟人或拟物的手法，并能赋予生命或其他意义，使两者之间有连接的含义。

异构图形是指利用客观事物在光的作用下产生投影，用影子的变化构成特殊的视觉语言，表现比单纯的投影更有意义的图形。

在设计中打破一条轮廓线只能界定一个物体的现象，用一条轮廓线同时界定两个紧密相接、相互衬托的形象，使形与形之间的轮廓线可以相互转换借用，从而用最少的线条表达更多的含义，这就是共生图形。共生图形的特征有共用线或以共用线形成的形。两种共生形态分别形成的正负形和多形共同的关系都是完整而且独立成形的，它们相互依存，同等重要。

悖意图形又称无理图形，是一种将含义相反或逻辑关系相反的某种或几种图像元素，构造成一种在组织关系上逆于常态、常理、常规的组合图像。

标志需要通过有限的形态概括传递丰富的内涵并达到识别性，而图形创意的简练形态，生动准确的语义传达与标志设计的要求可谓不谋而合。招贴作为一种视觉传达艺术，最能体现出平面设计的形式特征。它具有视觉设计最主要的基本要素，它的设计理念、表现手段及技法较其他广告媒介更具典型性。招贴主要有三大类：公益类招贴、商业性招贴和文化类招贴。要在包装设计上独创一格并显现个性，图形是很重要的表现手法，它起到了推销员的作用，把包装内容借视觉的作用传达给消费者，具有强烈的视觉冲击力，能够引起消费者的注意。图形创意是用来美化生活，提高我们的审美情趣的，好的图形创意有着丰富的内涵和强烈的视觉冲击力，把它应用到插图中能使其艺术价值得以提升，也是艺术的更完美表现。

字体设计是平面视觉设计的重要组成部分，对文字的形象进行艺术处理，以增强文字的传播效果。在视觉形象的符号中，实用性即识别性，艺术性即美观性。

方块字在记录语言过程中直接面对的是语义，每一个语义都有与之相配合的视觉形象。拼音字直接记录的是语音，通过简单的音素符号的组合，便可有效地完成记录语言的使命。字素的拼合方式是不同的，以汉字为主的方块字会随着组合元素的增加而缩小其所占有的位置。拼音字的字母大小是恒定的，只是其组合后的单词长短起了变化。简单地说，前者是框形不变个体改变，而后者是个体不变框形改变。

字和单词的编排方式是不同的。汉字的字与字之间不仅可以左右横排，还可以上下竖排。拼音字的字母与字母之间一种是左右横排横放，另一种是先横排，然后竖着放。不同符号的性质也不同。汉字除少数表音字外，基本上都有理性符号。因为从字形上便可以看出其词义来。拼音文字则是一种无理性的文字，这是因为它们是表音的符号，我们只能从各自的音节上去记住这些无理性的文字。例如，英文中的 man 和 woman 分别表示男人和女人，没有理由可言，在这几个字母上也找不到跟男人和女人的任何联系。

书法是文字书写的技法。在东方文化中，书法是最精粹、最受尊崇的艺术形式之一。它有着悠久的历史，是艺术技巧和传统思想的完美结合。而在西方，书写主要是为了日常交流，由于书写方法采用单纯的笔和墨水，加上有限度的技巧，文字样式更多地走向装饰趣味的方向，而不如中国书法千变万化，多彩多姿。书法创作是一种特殊的艺术活动，它有着自身的艺术规律。我们所说的字体设计与书法艺术不是一回事，但两者又有着一定的联系。字体设计要重视吸收书法艺术的成果，以丰富的字体设计内容，增强字体设计的艺术效果。

设计的首要任务是版面文字的视觉化处理。换句话说，就是如何透过恰当的字体设计，使图文的阅读顺畅舒适。也许正是由于字体是记录文字的有形媒介，是传达文字内容“隐性”载体的缘由，而常常出现被疏忽、被看来似乎无足轻重的现象。为了扩大企业和商品的影响，为了树立企业形象和商品形象，已普遍采用对企业名称和商品名称进行标准化字体设计的做法，也就是用组合字体设计，它使一组字体融为一个整体成为标准字体。

字体设计首先从笔画开始，对笔画的形态做一定的变异，这种变异是建立在基本字体的基础上对笔画进行改变。包括运用统一的形态元素；在统一形态元素中加入另类不同的形态元素；拉长或缩短字体的笔画。

文字是线条的特殊构成形式，是一种视觉图形。在进行设计时，就可以从纯粹的构成角度，从抽象的线性视点来理性地看待这些笔画的异同，分析笔画之间的内在联系，寻找它们可以共同利用的条件。借用笔画与笔画之间，中文字与拉丁字之间存在的共性巧妙地加以组合。根据文字内容的含义，用具体的形象替代字体的某个部分或某个笔画，这些形象可以是写实的或夸张的，但是一定要注意文字的识别性。运用具体的形象直接表达出文字的含义；借用相关的符号和形象间接地隐喻出文字的内涵。在文字笔画之外添加图形或在笔画的实空间里填充图形，这都是一种装饰性字体设计的方法。由于添加的图形没有使文字的原形改变，也不影响文字的阅读，反而会因为这些装饰方法而丰富文字的内涵，因为可以通过添加的图形，渲染和烘托文章的形态，直接地或间接地让人们更好理解文字内容。

飞白书用扁平的竹笔书写，因点画中丝丝露白，故而称为“飞白”。飞白书是硬笔书写的文字，又因其笔画所具有的独特装饰风格，而自成一体。流行至今的民间花鸟字是飞白书的延续。鸟虫书出现在春秋战国之际，一种极具趣味的字体突然兴起，构成了汉字字形演化历程中一道独特的风景线。在民间，人们同样喜欢将汉字装饰化，至今我们仍能从民间的剪纸、挑花、砖雕、陶瓷的图案中看到诸如福、禄、寿、喜等富有装饰风格的汉字。中世纪初期的写本作为一种艺术形式在欧洲获得高度发展，直到15世纪印刷术出现而被替代。写本画中最具特色的要数版面装饰艺术中以首字为主的装饰字。所谓以首字为主的装饰文字，是指彩绘在书中章节的开端，将开头的一个或几个文字用装饰的手法加以美化，形成图案性文字。

色彩就像音乐一样给我们以想象空间，带给我们不同的心理感受。色彩的联想是自由的，但它又有一定的规律。色彩的心理效果是源于经验，以至于成为我们内心世界的一部分。

世界上有很多色、香、味俱佳的“食文化”，对于研究设计人员来说，从不同领域比较不同文化的视点非常重要。只有拥有这样的观察能力与思考能力，才有可能面对世界宣扬其文化特征。“衣”字来源于遮蔽皮肤的衣物的衣领部分的象形。在日常生活中，人们总是带有某种想法去选择衣物，服饰的质地、色彩搭配都代表着不同的情绪。“住”即居住、长期居留或短暂歇息。中国传统建筑及其特色之一是其立面色彩斑斓、对比强烈，充分表现出建筑色彩的艺术效果。

对设计者而言，了解视觉传达设计的基本元素，并不能说明已经掌握了色彩设计的基本原理，色彩设计是一项系统的设计工程，它涉及基本元素、媒介载体、应用材料、设备工具、设计定位和设计理念等多方面因素。其中，无彩色是指黑、白、灰，灰是将纯黑逐渐加白，指从黑到深灰到浅灰再到白的一系列中性灰色。无彩色在设计中有着不可替代的作用，是设计中常用的“色彩”。因为有了色彩，世界才会精彩纷呈；因为有了色彩感觉，人类才能准确、完整地接受这精彩纷呈的世界。人们的生活与色彩有着密切的关系，由色彩造成的心理上的满足感和刺激感不断影响着人们，色彩完全融合于人们的生活中，成为现代生活的一个重要特征。有光才有色，在光的照射下，物体都呈现着它的本色。但从物理学的角度分析，物体本身并不呈现色彩，但它能通过对不同波长色光的吸收、反射或透射，而呈现各种色彩，也是人们视觉受刺激的一种特性的反映。

在人类社会生活中，色彩依附于形体而存在，形体由各种客观物质构成，并通过光的作用，表现出色彩与肌理。因此，色彩设计的信息传递必须依赖物体进行。每个人看到事物后所产生的感觉是各不相同的，这是因为每个人的思维方式不同，因此人们对色彩的感觉反应更是各有差异。在进行色彩设计时，应该充分考虑色彩的心理因素对视觉传达所产生的作用，这是不可缺少的设计前提。军队使用的迷彩服，运用色彩的心理因素，将军服的颜色设计成自然界的丛林色彩，以混淆视觉注意力，伪装自己，保护生命。

在社会活动中，色彩非常容易带有政治、经济、文化、宗教等情感和象征因素。色彩的象征性及表现力，对大多数人来讲是共性的。由于各个国家的地域、气候、文化、宗教、传统习惯等差异，色彩的象征性也有一定程度的不同。

“没有不好的颜色，只有不好的搭配。”在最能体现人敏感多情的特性与人的生活息息相关的室内设计中，色彩几乎可被称作其“灵魂”。由于现代色彩学的发展，人们对色彩的认识不断深入，对色彩功能的了解日益加深，使色彩在室内设计中处于举足轻重的地位。有经验的设计师十分注重色彩在室内设计中的作用，重视色彩对人的心理和生理作用。他们利用人们对色彩的视觉感受，来创造富有个性、层次、秩序与情调的环境，从而达到事半功倍的效果。色彩是室内设计中最为生动、最为活跃的因素。

（5）版式设计

版面构成方面，页面有很多种组合方式，每一种组合方式都能够产生独特的版面设计效果。版面设计也会受到添加因素的影响，并随着时间的推移而发生变化。设计能体现出时代的需求，在版面设计中首先要考虑横向排版还是竖向排版的问题。当文字或者数字比较多的时候，横向排版更便于读者阅读。在进行排版设计的过程中，会受到添加要素的影响，由于版面空间有限，无限扩充内容的操作是行不通的。因而，首要任务就是插入图片数量的问题，如果插图数量增加，每一张图片所占的面积就会减小，所以在进行版面设计之前要计划好。在保证图片质量的前提下，充分利用素材进行合理的版面设计。在挑选好图片后要掌握文章内容的意图，将你分析判断出来的主要内容所占面积放大，将不重要的内容占比缩小。如果随意使用不同大小的图片，版面看上去就会不够美观。分析内容或者文章的意图很重要，在现如今的信息竞争时代，读者要求尽量多的增加页面信息量。在这种情况下，如果强行加入各种不同的信息，会让版面看上去杂乱无章，所以我们要对页面做条理化的处理。有些内容点到为止，而有些内容可以适当强化表现。

在排版的过程中，我们可以根据版面率来调整页面的效果。扩大页边空白，降低版面率，缩小页边空白，版面率就会提高。在确定版面大小的同时，也就得到了页边空白的大小。随着四周页边空白面积的扩大，版面就会逐渐缩小，页面的版面率不断降低。如果缩小页边空白，版面率就会随之提高，那么页面的空白空间就会缩小。在设计中，我们希望通过页面能体现出杂志的定位要求，适当的调节页边空白和版面率的大小非常重要。版面确定下来之后，就要开始进入实际的页面内容安排了。页面内容的安排主要包括排版内容的文字、图片等元素。由于这些要素的加入，页面就不能只以文字文本的阅读结构来安排，要衡量一下页面的易读性和页面整体效果，再做出最终的设计方案。通过图像的数量和尺寸来控制图版率，页面的底色会改变图版率带给人的印象。

在页面中安排各种内容的时候，需要我们利用各种不同的模式进行排版设计。建立排版的辅助线，将页面划分成几个主要部分。最常用的版面划分方式是水平划分或者垂直划分，根据具体的设计需求使用二等分、三等分、四等分。如果版面内容比较复杂，就可以使用比较复杂的设计，辅助线不仅是水平和垂直两种，也可以增加对角线等斜线作为辅助使用。随着辅助线的增加，版面的自由度就会提高。灵活运用排版辅助线划分内容，在考虑版面空间分配的时候，可以使各个部分有机而整齐地排列起来。同时，也要灵活地运用对称的构图方法。通过对特定比例构图的运用，形成左右对称或者上下对称的形式，这种构图方式能够给读者带来一种安定的印象。有时候也可以在整体对称的基础上加入一些微妙的变化，造成一些不规律的部分，这样的版式也比较受人喜爱。

在页面中包括的内容有先后顺序，需要根据版式设计来区分内容的先后顺序。当存在一些希望读者能够首先注意到的内容，并形成先后顺序时，可以通过版式设计将其明确地表现出来。我们可以通过图片的大小、文字的大小、颜色和形状等方式来区分内容的先后顺序。当读者能够通过版式设计意识到内容的顺序后，还要考虑对于读者目光移动方向的预设，要想办法在页面中加入能够顺畅引导读者视线移动的元素。根据内容的安排来引导阅读的视线，文字开始的位置需要明确提示。

由于视觉心理会发生一定的作用，读者在观看时所产生的想法和存留的印象也会有所不同，设计时要灵活运用视觉心理。位于中间位置的标题，可适当向上调整放置。在调整位置时，按照形状来调整统一的位置。灵活运用格式塔心理学，灵活运用能够吸引读者注意的视觉形象，灵活运用黄金比矩形。

在完全没有图像素材的情况下，可以通过对底色以及文字字体等的调整来确保正文部分的易读性。虽然准备的图像尺寸比较小，却不想让图版率降低时，可以通过对图片外框的使用，或者通过对图片的重复使用来组织页面。有多项主要内容需要处理时，将所有图片尺寸调整成同样大小，图片排满这个页面，表现出内容重要的感觉。由于可使用字体种类较少，而无法进行区分的情况下，避免不彻底的处理方式，大胆的调整文字的大小变化。为避免单调的排版，可适当加入一些变化，通过移动标题的位置进行设计处理。有些内容无法进行明确的分类，这个时候正确的表现其无法分隔的状态是很重要的。内容的幅宽或长度不同而无法统一时，可以确定一个标准。图片中的某些位置可以加入多条文字说明，如果对应关系明确，那么将文字分开安排也是可行的。

图形理论方面，在使用图片的时候，我们需要结合媒体的定位来使用。要认真地考虑创意并结合创意设计图片，特别是在广告中，在通过图片来展示的情况下，需要将图片完全融入其中。在进行图片裁剪的时候，考虑到整体的构图平衡是很重要的。有时候需要对图片进行裁剪，这不仅是排版面积的问题，为了表现出一种冲击力，有时候必须对图片进行裁剪或者放大处理。即便是对同一张图片，也不可能出现所有人的裁剪方式都完全一样的情况。只有充分考虑这些内容在排版中的运用才能做出好的设计来。

在采用图片资料时，需要在排版中使用图片分类。图片分类的方法很多，可以根据图片的功能和意义来进行分类；按照图片的色调进行分类；按照被拍照的对象来进行分类；根据图片的构图或拍摄角度进行分类。适当调整图片排列的先后顺序与大小的调整，可以作为图片分类的一个标准。将位置重要的图片放大，可以使其变得更加显眼。调整图片的位置，能够吸引更多读者的注意。调整图片的尺寸，是表示先后顺序关系的有效手段，也可以使杂志的页面显得更富有节奏的变化。利用出血图片控制视觉效果，通过对图片的裁剪使其充满整个页面。

对于图片的外形而言，大体上可以分为几何形和自然形两种。分别把握它们各自的特征，可以有效运用于图片的排版设计中。一般来说，在图片的排版过程中多数会运用四边形图的处理方式。对于四边形图与自然形图来说，处理方式有所不同。当需要让页面图像具有动感时，可借助对裁剪图片的灵活运用来达到目的。裁剪具有一种效果，就是截取图片中需要的某一部分。通过减少一张图片中所包含的信息量，可以有效将读者的视线集中到想要展示的内容上。通过裁剪，能够将图片中多余的部分删除掉，调整拍摄对象的位置。如果裁剪的不彻底，图片的外观将会变得更加难看且令人感觉到不舒服。一些不适合进行裁剪处理的图片，我们要适当保留和合理处理。

图片有动势和方向性，如果能够对这些图片灵活处理，那么就可以控制图片带给观者的印象。在设计过程中，要考虑图片中视线的方向，注意图片中的边线，向图片中加入动势和变化。图片除了单张出现，有时候也会以多张组合的形式出现。在这种情况下，就有必要在对图片进行恰当分类的基础上，进行明确的组别划分，通过举例或者组合图片进行明确的组别划分。在考虑文字的编排时，还需要文字之间的相互干扰因素，做到图片与文字恰当配置。统一文字与图片的边线，不要用图片将文字切断，注意对图片中插入文字的处理。如果图片处理不当可能会造成重大影响，因此我们需要掌握一些图片的规则。谈话的图片要朝向内侧，注意图片的上下关系。

如果需要只用一张图片让页面有所变化，可以对图片进行大胆的裁剪。图片上的文字无论是白色还是黑色，都是不易辨识的，这时候就可以给页面铺上底色，然后再插入文字，这样就可以提高文字的辨识度。当我们希望用快照来呈现出草图的印象时，可以按照比轮廓线稍微大一些的外边线草草地将图像剪出来。当组合图片的文字说明很难就近布置时，可以制作一个与图片结构相同的框架，将文字说明放置在其中。在处理两个人面向同一个方向谈话的文章时，只要能够想办法让人知道这是同一篇文章就可以。加入关系对立的人物图片的文章，可以让图片中的人物分别面向不同的方向，以此来表现人物关系不和。

图解与说图通过对插图的运用可以使生硬的信息看起来更加柔和。认真的将信息整理出来，并进行传达是非常重要的，不要将制作的理论强加给读者，最好是可以结合文章内容考虑页面的整体效果。

以视觉方式传达信息的图表或者插图，将插图、图表以及地图等内容作为视觉信息进行视觉化的表现，可以使一些信息更加清晰易懂。即便是传递相同的信息，单纯的文字表现方式与夹杂了视觉要素的表现方式，都会带给读者不同的印象。设计时要理解照片与插图的不同，灵活地运用插图的特点。与照片的分类相同，应该把握插图的种类，根据用途对插图进行分类。将四边形图与自然形图区分使用，注意轮廓线的不同，空出插图所占用的空间。

在对数值进行图表表现的时候，最重要的工作是决定选择什么样的图表，如果选择了不合适的图表，那么就无法表现出需要表现的主题，因此，要配合内容区别使用图表。用饼状图来表现百分率，通过柱状图表来表示各项内容的差别，利用累积柱状图表来表现差别和明细，使用折线来表现变化，通过阶层图表来表现变化和明细，利用雷达图来表示性质和平衡，用散布图来表现数据的动向或趋势。设计图表时要注意图表刻度的间隔设定，根据图表的主题来控制图表刻度，由于间隔的不同，给读者带来的印象也会发生很大的变化。处理好各项内容间明显的差别，调整好刻度整体的单位。

设计便于识别的特性很重要，并不是简单地将数据制作成图表就可以，还要注意到外观的图表制作。关注设计中插图的组合，可以利用改变形状来强调主题，也可以通过配色来调整图表。有时候在页面中需要体现出内容的先后顺序，我们应该掌握能够正确体现先后顺序的方法。通过添加序号来表示顺序，使用箭头来提示顺序，或者注意一下箭头的添加方式。例表内容之间的相关性以及细节，需要在图解中使用线段来处理。利用线段明确所指的范围或位置，统一说明线的角度，也可以作为解说分对象某一部分细节的方法。

在有意愿使用插图，但是材料却只有照片时，需要我们灵活地处理照片，使其看上去像插画风格。虽然想展示现实中的情况，却无法拍照时，可以用写实的图片作为取代。单独使用的图标，其内容不易读懂时，可以加上注解提示出其所表示的内容。不明白插图与文字的组合方式时，要注意并调整轮廓线的状态，以及色调的情况。图标过于简略而使视觉冲击力不足时，可以通过文本来呈现内容。图表很多，按颜色分类不便于理解时，可以将页面设为一种颜色，并只用分隔线来加以处理。需要将两个不同的表格同时呈现出来时，可以将线形图表与柱状图表重合在一起。制作路标较少的区域地图时，可将十字路口及街道的名称作为路标来灵活运用。

文字组合方面，标题是需要明确的，如果什么都不考虑而只是按照规律处理是不行的。字体是会对页面的效果产生重大影响的要素，如果选择不当，就会导致与主旨偏离的结果，因此我们要做与效果相匹配的字体选择。例如，可以通过明朝体表现稳重的效果，我们要注意设计字体的用法。设计字体各自具有的特点、定位都比较强，如果选用了与效果不相称的字体，就会造成与预想效果完全不同的结果。

在页面中，很多时候会出现许多功能相同的文字内容。这时，对每一组同样功能的文字都设定相同的字体是一条基本的理论。要明确地表现出不同内容之间的差别，将希望突出呈现的文字进行清楚的视觉化处理，对粗度不同的字体活学活用。文字的目的是使内容能够被读懂，如果由于设计不当而造成了内容难以读懂，就违背了设计的初衷。因此，在设计正文时要考虑易读性。考虑到媒体情况对行长和分段的设定，配合字体的大小设定字间距，根据行长及字间距来考虑行间距的设定。对于段落位置及文字栏宽的设计中，使文字部分的栏宽不要过于不一致，保持足够的段间距，文字部分也可以作为一种形式来认识。

有环绕图片排列内容时，即便是环绕排列也要保持文字的易读性。由于正文中的英文过多而造成页面散乱时，可以通过均匀的组合来处理。如果读者希望在阅读时有更轻松的心态，可以在保持正文可读性的同时，对页码等处进行调整。当突出的文字与典雅的页面氛围产生冲突时，即便不放大字号，也可以通过留白来增强效果。即便文字排版处理得很得当，但却不便于阅读时，可根据具体情况拉开距离，也会得到一个很好的效果。当文字妨碍了照片的放大展现时，将照片盖在文字上的效果也不错。如果文字过多而感觉沉闷，可以有效地运用彩色文字。

4. 空间环境设计

（1）基本要素

在空间维度中，点的运动形成了线，从而得到了第一个空间维度。线的运动形成了面，我们便得到了第二个空间维度。面的运动形成了体，从面向空间的运动过程中变化形成了三维空间。这里点、线、面的运动，所指的是视觉暂留的运动，强调空间的作用。这种运动状态是视觉的力的运动，将点变成线，将线变成面，将面变成了空间的维度，而并非变成了体。在实体运动的同时，两个间隔的空间也在运动。所以不仅是体，还存在空间的维度。造型的方法有很多种，此处的方法是最基本的。通过运动产生的，是最直观的感受。设计来源于环境，而作用的力则是由环境引发的。

以基本要素发展的顺序，从点到一维的线，从线到二维的面，从面到三维的空间。每个要素首先都被认为是一个概念性的要素，然后才是视觉要素。作为概念性要素，点、线、面是视觉暂留形成的虚空体，是看不到的，只存在于头脑的感知中。当这些基本要素表现在纸面上，或者在三维空间中变成可见元素时，它们就成了具有内容、形状、色彩和质感等特性的形式。当我们在环境中体验这些要素的时候，是可以感知到依附于结构中的基本要素的。

作为形式的基本生成要素，点表现为空间中所在的一个位置。一个点延伸变成一条线，存在着长度、方向和位置的变化，有方向就有了运动的趋势，产生运动便产生了形式的变化。一条线展开变成一个面，运动过程中其长度、宽度、形状、表面、方位和位置等因素都会发生改变。其形状主要指面的轮廓，表面是视觉元素却有概念元素的特点。中国传统绘画中的画卷是通过展开的方式观看的，这便是由线形成面的一种方式。面的方向性需要在环境对比中确定。有时候也会出现由点直接形成面的情况，如“白粉墙”就是中国传统文化中由点直接形成面的。一个面展开变成一个体，其特征主要有长度、宽度和深度，形式和空间、表面、方位等。体的运动从建筑的角度来看形成了城市，而相对于城市体则又变成了点。因此，基本要素的概念是相对的。

点要素。一个点标出了空间中的一个位置，从概念上来讲是没有具体形态的，从而推断它的主要特征是静态的、集中性的、无方向的。其中静态是指具有汇聚的力，而非纯静态的。集中性指内向的、以自我为中心的、静态的。当我们将太阳视作一个点要素，那么它具有放射和汇聚的作用，点通过放射和汇聚的作用形成线。同时，点还具有膨胀和收缩的作用方式，通过作用可以形成面或体。与地面接触的点，由于环境的作用通常不是圆形的，而是多边形或者多面体。但是当一个点偏离了中心，它的作用方式就会发生变化，变得更加积极主动并开始争夺视觉上的主导地位。与此同时，这样的改变使其与周边环境形成了一种视觉上的紧张关系。

线要素。点通过运动延伸形成了一条线，我们通常会用一条线来描述一个点的运动轨迹，其视觉特征表现出方向、运动和生长的趋势。通过建筑形成的过程，我们能够看出线的表达具有多种不同的方式。线在任何视觉作品中的使用，都具有重要的意义。从视觉上来看，线具有连接、联系、支撑、包围、贯穿等特征。通过绘制线的运动轨迹，我们还可以清晰地发现图底翻转的趋势。线的基本形态特征只有一个维度，我们通常将其看成一条既有长短也有粗细的线，但实际上它的长度远远超过其宽度。线的方向影响着它所在视觉构成中所发挥的作用。如果一条线是水平状态，则处于一个比较稳定的状态。若一条线处于垂直状态，那么从视觉上看就更具有失重感。在稳定与动态之间寻找一个最佳的状态，那便是平衡状态。例如，一个正方形，它的长宽比为1∶1，处于稳定状态，一个大于黄金比例的矩形趋于动态趋势，而黄金比矩形则处在一个平衡状态中，这便是黄金比矩形之所以被称为是最美矩形的原因。

面要素。线的运动形成面，一条线沿着不同于自身延伸的方向运动展开形成一个面。这个面有长度和宽度，但是没有深度。一个面最主要的特征是形状，形状随着人观看角度的不同而变化，形状决定了形成这个面边界的轮廓线。我们对于形状的感知会因为透视错觉而变形，所以只有正对一个面的时候才能看到它的真实形状。面具有表面的色彩、图案和纹理，这些因素都直接影响面的视觉重量感和稳定性。建筑中的面限定着体量与空间的三维容量，这里的面指表面，空间包括了内部空间与外部空间，每个面的特征都决定着其相关空间之间的关系。一个空间的生产需要通过三个界面结合，包括顶面、墙面和基面。顶面可以是屋顶平面或天花板平面，这取决于其属于建筑还是室内空间。墙面虽然具有垂直的方向性，但水平的方向性更为明显。基面可以是室外的地面，也可以是室内底层的地面，它既是建筑形式的底座又是建筑空间的视觉基面。

体要素。一个面沿着非自身方向延伸就形成了体，体具有长度、宽度和深度三个量度。形式是体所具有的基本特征，它是由面的作用形式决定的，这些面表示出体的界限。在建筑空间中，体既可以是实体，也可以是虚空；既可以用体量代替空间，也可以是由面所包容或围合的空间。建筑的容积可以被看作空间的一部分，由墙体、地板、顶棚所组成并限定。我们在看建筑的平面、立面和剖面的时候，在关注其三维特征的同时也要注意二元性的重要性。

（2）形式作用

建筑空间形式是实体与虚空的连接点，通过质感、材料、光照、阴影和色彩的作用汇集在一起，形成空间形式的核心思想。形式是连续的、有弹性的，设计要合理利用形式来操作空间。空间品质取决于对设计要素运用的综合能力，室内空间如此，室外空间亦如此。

形式是一个具有综合性特征的词语。它可以代表能够辨认的事物外观形状，如一张桌子或者一把椅子。有时候形式也可以代表某个人物角色或者人物状态，就好像我们生活中常见的水，在不同温度下会形成不同状态，同样是这个物体，有时候它是液体状态，有时候变成固体或者气体。形式的形字分为左半部分的“开”字和有半部分的“三撇”，从空间形式的角度联想“开”代表开门，将门打开使光线照射进来，而“三撇”则象征着光线作用得到的影子。在艺术和设计中，我们通常用形式来表示一个作品的外形状态。例如，毕加索的《格尔尼卡》是典型的立体主义作品，通过变形表达了一种运动状态。变形是运动的产物，作品将卡通人物的头部变大。在运动过程中，头部是会变形的，使整个人看起来头大身小，再利用线的勾勒表达形体，便呈现出最终的形式。

形式的含义是内部结构与外部轮廓以及整体结合在一起。形式通常是指外表面或内表面，而动态的形状则是指布局、排列方式以及勾画出的一个图像。某一特定的形式，如圆形、正方形或者正三角形，其独特且具有变化的造型或者外轮廓，形状是识别形式的首要依据。形状是动态的，动态轮廓包括了体的所有轮廓，其中包含表面轮廓和典型轮廓两种。变形是造型的一个过程，如将圆形拉伸变成椭圆形。

形式的尺寸可以指某一物体的长度、宽度、高度的实际量度。这些量度决定了它的比例，这个比例是感性的比例。而它的尺度则是由它的尺寸和周边关系所决定的，是相对大小关系。形式的色彩是视觉引发的一种普遍现象，根据色相和饱和度的感觉来确认。色彩是确认这个物体与周边环境区别最好的方式，它能够影响其形式的视觉分量。形式的质感主要是通过尺寸、形状、布局和比例等因素赋予其表面的属性，它决定其表面吸收和反射光照作用的程度，视觉感知主要是通过肌理和图案两种因素作用的。

形式还具有一些相关的属性，这些属性控制着要素的图案和构图，主要包含整体性特征和创作性过程，是有机的形态，是具有生命力的。其中，位置指的是与形式所处环境相关的特定地点，其最根本的特征是环境与人的关系。而方位是指某一形式的方向，方向性是一个动态特征，通过运动能够派生出生命，方位的变换通常与人相关。所以形式的这些属性，实际上都受到了我们观察形式时所处条件的影响。通过动态的变化，变化的视角给我们的眼睛提供了形式的不同动态轮廓线。我们与某一形式的距离决定了它看上去的大小，如地形、地貌、地势。我们在观看某一事物形式的时候，当下的光线条件影响了它本身形状和结构的清晰程度。而环境对于一个事物的影响，主要是对于本身外轮廓的识别和其外轮廓表面的解读。集中的状态导致了稳定，集中是一个动态的过程，是视觉惯性。

所有的形式都可以被理解为基本实体的变形，这些变化来自对于基本实体度量的处理，这些变化是由要素的增加或者减少所产生。通过改变一个或者多个度量，形式会在某种程度上发生变化，但变化后仍保持原有事物的基本属性特征。例如，一个立方体，通过长度、宽度和高度的不断改变，呈现出了类似棱柱体的特征。不但如此，这个立方体还可以变成一个面或者线的形式，这就是形式度量的变化。一个物体的形式可以通过减少本身一部分的容积来进行变化，根据不同的削减程度和方式，其形式仍保持着与其最初形式特征一致，或者是变化成另一个事物的形式。例如，我们将一个方盒子按照其本身外轮廓的走势削减掉一部分以保证其形式不受影响，或者改变轨迹使其变成接近于一个球体的多面体形式，这便是形式的削减式变化。同样，一个物体的形式也可以通过增加要素的方式得到变化。例如，增加其规模、数量或添加要素，用哪种方式决定了其原本形式的特征是否被保留下来。

在空间网络中存在着由两组或者多组等距平行线相交而成的系统，我们最常见的网格是以几何方形为基础的。这个基本载体的几个度量相等、方向对称，且表面具有较为均匀的质感。网格可以用来围合一个形体的几个表面，并使其表面得到一个统一的状态。当正方形网格向第三个维度延伸时，就产生了具有定位点和线的空间网络，这个模数化空间架构中，任何数量的形体和空间都可以从视觉上组织起来。例如，飞机、轮船和汽车，在研究人们使用空间的极限，舱体就视作是生活空间极限，每个盒子都是定制安装，其形态不断变化和生长。空间网格是可放大缩小的，充满着弹性且具有生命力。

（3）形式与空间

空间处于一个不断运动的状态，空间一直在连续不断地包围着我们。通过这个运动状态下的空间环境，我们进行着日常的生活，肢体活动、观察观看、聆听声音、感受清风、闻到百花齐放的芳香等。空间不是虚无的，它就像我们身边的砂石和流水一样是实实在在的物质。空间具有动态特征的性质是与生俱来的，它的所有特征都依赖于我们对于形体要素所限定的空间界限的感知。当单一空间或是符合空间被处理而改变时，建筑就产生了。

在我们的视觉感知中，所有物质的形状、尺寸、色彩或方向都是不同的。我们对于一个构图的感知和理解，取决于我们如何解释图形中正要素与负要素之间的视觉作用。吸引我们注意力的正要素，如果没有一个与之形成对比的背景，那么它便不可能存在。因此，图底的关系不仅仅是对立的两个要素，两者共同形成了一个不可分割的整体，一个对立的统一体，就像形式与空间要素共同形成建筑一样。建筑中的实体与空间存在共生的关系，通过分析发现其存在几个不同程度的尺度，如城市与建筑、建筑与房间、房间与空间角落等。无论是哪一种尺度的不同，我们都要考虑建筑本身的形式和其周边环境空间的影响。在一个城市空间中，我们要思考一下每一座建筑的责任，它的身份究竟是为了充当背景、限定空间还是独立存在于某个合适的位置。确定了建筑物的角色，我们再开始考虑利用什么方法来处理建筑与周边空间的关系。沿着基地的边缘形成一面墙，并且限定明确的室外空间；将其室内空间与围墙范围以内和室外空间融为一体；围起基地的一部分作为室外场地，使这部分室外场地能够遮风避雨；在建筑物的内部容积中，环绕或围合一个庭院或中庭空间，形成一种内向的设计；作为一个独立的实体立于空间之中，并通过其形式和外部特征控制着建筑物所在的基地，形成一种外向的设计；立面宽阔舒展，实现与景观的对话呼应，作为一条轴线的终点或限定某一城市空间的边界；在基地内自由布置，但室内空间延伸出去，与室外空间融为一体；在负空间中作为一个正的形体而存在。

太阳光在某种程度上是自然界对于人类的馈赠，是取之不尽用之不竭的资源，它照亮了建筑的外部空间和内部空间。太阳光的光线具有其他光源都不具备的特点，表现为直射阳光和漫射日光，随着每天不同的时刻、每年不同的季节以及不同的地点而变化。由于太阳的光能量被云、雾以及降水而消散。因此，光把天空和季节中变化的色彩传送到它所照亮的形体与表面上。在中国，人们没有表达光，而是表现云和雾，主要表现在国画中的水墨。我国设计者向来反对直射阳光，却又十分重视天，人们一直在研究如何画出中国空间的光感。

在空间设计中要考虑景观，在房间中如何开窗洞口，要考虑它的焦点和朝向。虽然在很多居住空间中有壁炉作为内向焦点，但是另一些房间中仍然需要具有外向性的因素来操控空间作用，因为在这些房间的室外或者周边空间被赋予了一种景观。无论是墙面还是顶面，都有可能出现这种景观，并与室内空间形成一种视觉关联。那么这些洞口的位置和大小决定了所对应景观的最终呈现效果，以及对于室内空间私密性保障的程度。

（4）空间组合

一个好的建筑应该是具有整体性的，是多项内容的集合体，它需要经历一个质变的过程，即从单独构件到整体形象的跨越，这些都体现了组装各个部件的方式。它们可以形成空间、图案以及外部领域，它们为我们展现了什么叫作整体大于局部之和。两个空间可以相互关联，功能不仅是一个区域的划分，还是一个过程，如门的位置决定了房间的功能。一个空间可以包含在一个较大空间的容积中，一个空间的部分区域可以和另一个空间的部分容积重叠，两个空间可以相互比邻或共用一条公共边，两个空间依靠另外一个中介空间建立联系。如果两者形式上有共性，则建立了联系。

在建筑组合中，可以自由处理具有相似功能的空间，可以被组合成功能性组团，或者在线式序列中重复出现为获得采光、通风、景观和通向室外空间的道路，需要向外开放，开放与私密可同时存在，与公共空间不同时存在。这些空间的布置方式可以表现出空间在建筑物中的空间等级，以及功能或象征作用。在特定的位置，采用哪种组合方式取决于建筑设计纲要的要求和基地的外部条件。每种类型的空间组合都有其特征，我们要关注它的形式特点、空间关系和环境反应。

集中式组合是一种较为稳定的向心式构图，由一定数量的次要空间围绕一个大的占主导地位的中心空间构成。在这种组合中，局域中心地位的统一空间一般是规则的形式。而居于次要地位的空间，其功能、形式、尺寸可以彼此相当，形成几何形式规整、轴对称的整体造型。

线式组合是指多个空间系列的组合。这类空间组合通常由尺寸、形式和功能都相同的空间重复出现而构成。它可以将一系列的尺寸、形式或功能不同的空间，用一个独立的线式空间沿其长度将那些空间组合起来。对于线式组合来说，在功能上具有重要性，可以沿着线式序列随时出现在任何一个地方，并且以尺寸和形式来表明它们的重要性。

放射式组合具有集中式组合和线式组合的综合要素，它包含一个局域中心的主导空间，多个线式组合从这里呈放射状向外延伸。集中式组合是一个内向的图案，向内聚焦于中央空间，而放射式组合则是外向的，向外延伸到环境中。放射状组合的中心空间通常是规则的形式，保持对整体形式的作用。

组团式组合通过紧密连接使各个空间之间相互联系，通常包括重复的细胞状空间，这些空间具有类似的功能并在形状和朝向方面具有共同的视觉特征。组团式空间组合也可以在它的构图中包容尺寸、形式和功能不同的空间，但这些空间要通过紧密连接，或者诸如对称、轴线等视觉秩序化手段来建立联系。因为组团式组合的图案并不来源于某个固定的几何概念，因此它灵活可变，可以随时增加和变换而不影响其特点。

网格式组合的空间位置和相互关系受控于一个三维网格图案或三维网格区域。网格来源于两套平行线相交，它们通常是垂直关系，在它们相交处形成一个由点构成的图案。网格图案投影到第三维度就变成一系列重复的模数化空间单元。建筑中的网格大多是通过梁与柱组合的框架结构体系形成的。在这一网格区域内，空间既能以独立实体出现，也能以重复的网格模数单元出现。

（5）交通体系

通过人的流线和视线组合空间，人体是我们最基本的三维特征，然而在建筑方面，人体本身并不是中心焦点。对于建筑而言，在设计阶段我们就已经赋予它艺术性。在三维空间场所中能够产生源于人本身的感官体验，并将成为空间情感的基础。这些感受在运动中交替作业，外部看内部、内部看外部、内部看内部，视觉、听觉和触觉共同感受。通过运动的轨迹，将建筑空间或室内及室外空间联系在一起，被人们用心感受。当我们穿越空间时，运动于时空中，建筑交通系统的主要构成方式影响着我们对建筑形式和空间相互作用的感知。

在进入一个建筑空间内部之前，我们沿着一条通道走向这个建筑的入口，这便是交通系统的第一个阶段。在这一段路程中，我们要做好准备来观看、体验和使用建筑中的空间，远距离地观看、近距离地体验和深入其中地使用。所有的运动轨迹都是线状的，无论它是人流、车流或者是其他用于服务的轨迹。所有的路径都有一个起点和一个终点，我们需要穿越这个由起点和终点串联起来的空间序列，最终到达你的目的地。路径的形状取决于我们移动的方式，如果是人就可以是随意的转弯或停留，而车则不能如此自由随意地改变方向和速度。这种交通路径可以是线式、放射式、螺旋式、方格式、网格式或者混合式。任何一种形式都有重要的节点，包括了行为中心，通向房间和厅堂的入口，由楼梯、坡道和电梯等形成的竖向交通空间。这些节点打断了建筑物中的运动路径，并提供停留、休息和重新定位的可能性。

交通空间是任何建筑组合中都不可分割的一部分，并在建筑物的容积中占有相当的空间。如果把它仅仅看成具有功能的设施，那么交通路径只不过是一些没有尽头的廊道式空间。交通空间必须满足人们沿途散步、停留、休息或观赏的需求。

（6）比例和尺度

尺度是指某物比照参考标准或者其他物体大小的尺寸感，比例则是指一个部分与另外一个部分或整体之间的适宜或和谐的关系。比例又有感性比例和理性比例，这种和谐的关系不仅是大小的关系，也是数量与等级变化的关系。通常我们通过选定一个范围来确定事物的比例，有时候也通过材质的属性和空间要素来呈现。

在建筑结构中，所有构件的尺寸和比例都同它们所承担的结构任务有着直接的关联，直接反映了结构与空间的关系。随着建筑荷载和支点之间高度的增加，柱子也应随之加粗。梁与柱共同形成了划分空间模度的结构框架。通过尺寸和比例的呼应，梁与柱完整清晰地表现了空间，并为空间赋予了尺度和结构层次。结构的稳定性主要是通过几何形状，而不是材质特性。结构的技术因素会对空间造成一定的影响，其外部环境或相邻的内部空间也会限制建筑的形体，理想的尺度关系是以视觉判断为最初的基础的。

我们在判断一个建筑的尺度时，对于比例和尺寸的感知实际上是不准确的。透视和距离的误差以及文化偏颇多会使我们的感知失真，因此要用客观精准的方式来控制我们的感知，这并非一件容易的事情。一切关于比例的理论多致力于在视觉结构的要素中建立秩序感与和谐状态，任何比例系统都包含着一个有特征的比值，这是一个永恒的特征，从一个比值传到另一个比值。一个比例系统就在建筑物的局部之间以及局部与整体之间，建立起一套具有连贯性的视觉关系。虽然这些关系未必能被观察到，但是通过一段时间的体验这些视觉秩序将必定会被感知和认可。在建筑形式与空间的处理方面，技术不仅为建筑提供了决定因素，还为其提供了一套客观美学理论。从静态中看到视觉的统一性，在动态方面体现了秩序感，最终通过沟通室内外空间建立关联。

尺度是指我们如何观察和判断一个物体与其他物体相比较的大小，在处理尺度问题上，我们时常会将一个事物与另一个事物相比较。用来与一个物体或者空间进行比较的实体，通常是一个计量单位或标准。

视觉尺度是指某一个物体与其正常尺寸或者环境中其他物体的尺寸相比较时，看上去偏大或者偏小。当呈现出来的方案规模以城市为背景，就是城市尺度；如果设计中更注重沿街要素的大小，那么便是街道尺度。所谓要素，无论重要与否都具有确定的尺寸。许多建筑要素的尺寸和特点是我们所熟知的，而且能帮助我们衡量周围其他要素的大小。例如，当我们看到一个住宅的单元门和窗户，我们是可以想象和判断出这个住宅有多大，大概有多少层的。正因为这些要素是人们所熟知的，才为我们提供了便于参考的感知要素。

人体尺寸在建筑中是建立在人体尺寸和比例基础上的，由于人体的尺寸因人而异，因此不能够作为一种绝对的度量标准。但是可以作为基本的衡量工具来使用。例如，将手臂打开测量一下大概的高度，依靠人体衡量出来的尺寸得到对于空间的一种尺度感。这些要素的尺度与我们的姿态、步伐、伸展或拥抱等人体尺度有关，可以帮助我们判断空间的大小，还可以使空间具有人的尺度。

（7）秩序原理

在履行任何组合系统功能的时候，无论其功能是物质的还是精神的，秩序必须被认为是不可缺少的。就像是一个艺术作品或者建筑作品，如果不能呈现出有秩序的图案，就难以履行其功能，难以传达其信息。无论在任何复杂程度上，秩序都可以做到。然而如果没有秩序，就无法表达作品要说的内容。在建筑设计中存在着多样性和复杂性，任何建筑的形式与空间都应该考虑到建筑功能固有的等级、服务对象、传达信息以及周围环境。在此基础上，我们再来讨论秩序原理。有秩序而无变化，结果往往是单调无趣的；有变化而无秩序，则会杂乱无章。秩序原理将一个建筑中所有的形式与空间，在有人参与进来时形成一个有序的、统一的、和谐的整体。将建筑与自然整合，以自然为前提，几何图形参与进来，自然仍处于主导地位。试图整合人类所生存的世界，建立一个秩序。

轴线是建筑形式与空间组合中最基本的方法，它由空间中的亮点连成一条线，以此作为线的轴布置形式与空间。虽然这个线是想象出来的，但它却可以成为强有力的支配与控制手段。各要素围绕轴线的具体位置，将在视觉上决定轴线组合的力量。由于轴线本质上是线式状态，因此具有长度和方向性，并沿着它的路径引导运动和展示景观。

对称是在分界线或分界面的两侧，或者围绕中心或轴线，均衡地布置相似的形式与空间图案。对称有两种基本类型，两侧对称式和放射式对称。一个建筑构图可以用两种对称方式来组合形式与空间，整个建筑物的组合可以是对称的。然而在一些情况下，任何完全对称的布局都必须面临其基地或环境不对称状态所带来的影响。对称的情况可能只发生在建筑物的局部，同时围绕对称部分来组合不对称或不规则的图案。

等级是指存在于建筑的形式与空间中的真实差别，它能够反映建筑组合中形式与空间不同的重要程度，在功能、形式以及象征意义方面所起的作用也是不同的。用来衡量相对重要性的价值体系，取决于特殊的处境、使用者的需要与愿望以及设计者的决策。设计中要表明建筑组合中形式与空间的重要性，同时还要体现出它的不同之处，我们可以通过特别的尺寸、独特的形状或者关键性的位置来表现其视觉重点。在等级的意义上，需要通过异常与正常的对比、规则图案中的不规则形状来体现。在建筑构图中，可以出现多个重要元素，既能够带来变化，又能产生视觉趣味、韵律以及张力。

基准是指构图中与其他要素有关的一条参考线、参考面或体。基准通过规则性、连续性和稳定性，将多种要素构成的一个任意图案组合起来。通常单体运动中都是规则的，连续性充满了动态，稳定性则相对静止。轴线有沿着轴向组合一系列要素的能力，从效果上看，轴线实际上就相当于基准线，但一个基准却不一定是直线，它还可以是面或体。作为一种有效组织序列的手段，一条基准线必须有充分的视觉连续性，以便穿过或从外侧经过它所组织的全部要素。如果基准是面或体，它必须有足够的尺寸、围合感和规律性，才可以被看作能把组合要素在其领域内围起或聚集的形体。

韵律是指某种运动，其特点是视觉能够看到的或者心里能够想到的，以规则或不规则的间隔，图案化的重复现象。这种运动可能是我们的眼睛跟随构图中重复出现的要素的结果，也可能是我们身体穿越空间序列的结果。无论是哪种情况，韵律都体现了重复出现的基本意图，使之成为组合建筑空间和形式的一种手段。韵律的产生有两种情况：一种是静态的，另一种是动态的。动态的韵律包含了视觉上的完形过程，立体主义将人的动态分解。几乎所有的建筑类型都含有本质上可以重复的要素，为了满足重复的功能要求，空间常常会反复重现。

重复是利用视知觉概念引入一个连续的动态，来为一个构图中重复出现的要素建立秩序。我们倾向于将一个任意构图中的要素按照以下两种方式进行分组，一种是它们彼此之间的相近程度，另一种是它们所共有的视觉特征。最简单的重复形式是将众多的要素排列成一个直线图案，然而它们不一定完全相同才能够组合出重复的样式，只要有共同的性质和特征即可归为同一类别。

变换可以理解为通过一系列的具体处理，将形式结构及要素秩序都合理适当的典型建筑模式变换成符合实际情况和周围环境的建筑设计。设计是一个分析与综合的生成过程，需要经过反复试验，才能提炼出有效信息。在寻找一个概念并探索其可能性的过程中，设计者理解概念的基本特点和结构是非常重要的。如果典型模式的秩序体系能够被感知和理解，那么通过一系列有限的置换，最初的设计概念能够被明确、加强并以此为基础建设。

5. 室内设计

空间伴随着我们的生活且无处不在，如果不是在自然中它就是由建筑物的承重结构和维护结构所围合起来的室内空间。这些室内空间为我们提供了工作、娱乐和完成其他事情的背景环境，并赋予其生命力。一个好的设计应该是能够与人沟通和交流的，由于人的参与使其具有生命力，只有设计元素在作用中构成一个完整的整体才有生命力。室内设计的本质是创造有生命力的空间。

室内设计具有可变性，它是建立在功能之上的美学艺术，设计图纸常用于传达信息、表达创意和推敲各种可能的设计方案。室内设计改善了空间的功能和品质，既包括健康和安全，也包括美学和幸福感。

（1）室内空间

室内空间体现的是室内环境体系，并有人参与其中。室内设计师要知道如何操作形式才能与空间协调，首先要做的便是在设计中要有方向性。通过对视觉、听觉、嗅觉的研究，使其与人的关系更加紧密，这是人感受空间的三种基本形式。空间具有透明性和运动性，主体参与进来后添加了视觉、听觉、嗅觉等新元素，这些元素不同于石材、木材等实体，它是无形和虚空的。在空间与元素及不同元素之间就形成了转化、运动、引发作用力变化等多重关系，人和事物共同作用的产物引发的一系列运动和变化，在造型的过程中物体会移动位置。

与室内空间相关的内容中有一些比较重要的概念，包括时间、空间、光和实体。时间即地球自转绕太阳公转引发的被人感受的环境，时间是运动的。空间即上下、左右、前后关系。光能够消耗物质能源，它更强调与空间形成对应关系的实体形式，通过操作形式能够间接地操作空间。

当进入室内，空间形式将发生转化。在室外，空间构成形式中的顶面与墙面都是虚空的，只有地面是实体。从室外空间进入室内空间的过程中，可能会经过一个过渡空间，如廊道，空间构成形式中的顶面变成了实体，空间以顶面和地面的实体空间为主，仅剩下墙面空间的虚空部分。进入室内后，空间构成形式中的顶面、墙面和地面将全部变成实体，最终完成室内外空间的转换，空间操作方式也从最初的以虚空为主变成以实体为主的作用方式。在通过实体的全面围合后，形成一个全新的室内空间构成模式。

室内空间先是由建筑物的结构系统构成，再由墙体和天花来界定，由于门洞口和窗洞口的作用与其他空间发生关联。我们要明确界定空间元素的造型和被界定空间这两种主体与背景的关系，无论是实体还是空间皆可操控这种关系。空间是虚实共生的，在古埃及建筑中虚实作用的方式与现代建筑不同，其内部空间的柱距大于柱与柱之间的间距，也就是说实体大于空间，在小空间的衬托下来凸显实体的作用。在室内设计元素中了解主体和背景的变化关系同样重要。例如，当一把椅子出现在室内空间中要如何安排它的位置和摆放方式，这不仅是它自己的事情，还涉及这把椅子与周围物体之间的空间关系。当更多的室内设计元素被引入时，空间之间的关联和空间与物体之间的关联都变得更加丰富。这些元素开始组成群组，并界定和表达空间的形式。

空间尺寸与空间造型一样，直接受到建筑结构系统的影响，包括材料的强度、大小和跨度等，空间尺寸决定了室内的比例、尺度和功能。室内空间的第三向度是由天花板平面所决定的，垂直向度和水平向度一样，对室内空间有着重要的影响。高度较大的空间给人以壮观的感觉，而天花板低矮的空间给人以温暖亲切的感觉，因而空间并不是越大越好，不同高度的空间形成的情感感受是不同的。

门洞口提供了一个通道，使我们可以从一个空间通向另一个空间。当门打开时，可以将两个相邻空间在视觉上产生沟通和连接。如果将门关闭，便阻断了相邻空间的关联。通过分隔两个空间的门洞口能判断出墙体的厚度，门口的尺度和处理方式也暗示了将要进入空间的性质。

窗洞口能够提供给室内采光和通风，并提供室内外的沟通媒介，通过窗洞口能看到室外较好的景观。窗洞口的大小和位置决定了室内空间与室外环境分隔的程度，大尺寸的窗能更好地沟通室内外空间环境。在对窗洞口进行设计的时候，我们要考虑光线、景观、围合程度和穿透过程，形式上可以是细窗框或者粗窗框，作用方式上可以是分隔空间或者连接空间。

楼梯在室内主要是起到过渡空间的作用，从室外到室内或者从一个室内空间到另一个室内空间。空间具有多功能性，且提供了多种可能性，楼梯也存在多功能性，根据实际情况而定。人在使用楼梯时，大多数情况是处于运动过程中，也有可能发生暂留性活动，这表明楼梯是一个平台。楼梯可能会占据较多的室内空间，但是一般的私密空间可与其相结合。例如，沿着墙面、围合着室内或者盘旋于空间的边界等方式。

（2）室内设计

无论我们所面对的空间是什么形式，都需要针对其不同的室内空间特点进行设计。室内设计是计划、布置和设计建筑物的室内空间，我们设计的不仅仅是空间，更是人的生活状态，要思考环境如何使人生活得更健康、更舒适。因此室内设计的目的在于通过对室内空间机能的调整，改善其视觉性和功能性。通过设计程序来决定应该使用哪些要素及如何将其安排到空间模式中，通常会经历分析、综合、评估的循环程序，对于可能的解决方案不断改善，直至能够完全符合现况并达成需求。

我们将一个室内空间设计成为人运动、活动及休息的地点，在造型上，室内空间尺度及人体尺寸上互相配合，这种配合的关系可能是动态的，也可能是静态的。如果我们坐在一把椅子上或者倚靠着一面墙的时候就是静态的，当通过一个门廊或者攀登一个楼梯时便是动态的。除此之外，人的心理尺度也非常重要，对于空间的听觉、触觉等特质都有可能影响到在此空间中的人。人体尺寸在室内设计中起着决定性的作用，无论是站立、行走、坐下、上下楼梯及拿取物品等行为活动，都需要基本的人体尺寸作为参考使用。大部分人的生理特征都会随着年龄的增长而产生变化，这些随着时间而产生的改变影响室内环境对于使用者的合适程度。

室内设计中的个人空间分为亲密区域、个人空间、社交区域和公共区域，人们在对于自己身体周边空间的使用上是有所感受的，这些空间的尺寸是有区别的。侵入个人空间可能会影响人的感受，并且影响到周边其他人的互动关系。亲密区域允许身体上的接触，陌生人闯入可能会产生不适；个人空间允许朋友近距离接触，也可能短暂打破内部界限；社交区域适合非正式的行为，如社交、商业等；公共区域可以进行正式的行为和较大音量的沟通，以便进行更为清楚的说明。

当我们对现有空间进行修改设计的时候，可以在现有空间中找寻线索。空间的入口通常决定了空间的流线，并将空间进行划分，使一些区域更适合活动，而另一些区域更适合休息。再对室内的家居、灯具和陈设品进行选择和安排。这些空间造型经过合理的安排后，就更加符合使用者的功能和审美需求。

根据对现有空间使用方法的不同，平面安排一般可分为紧密型和宽松型两种。紧密配合的方式通常使用模具化或者单元组合的方式，产生更加有效的使用空间，并留有剩余空间。而宽松型通常是在空间之间做较宽松的配合，这种安排方式为空间使用提供了多样性。这种方式能够提供不同形式、大小及种类的家具混合使用的机会，因此适用于大多数的空间设计。

（3）设计语言

空间中的氛围完全是借助表面完成的。平面是室内设计的基本元素，其视觉特性与它们在空间上的关系决定它们所界定的空间性格。在这些空间之中，旧家具与其他室内设计元素可以被看作平面造型的组成部分。

质感是物体表面的三维结构，在室内设计中可以用来描述相近物质表面的特性，常用于描述表面的光滑或者粗糙程度。一般有两种质感的基本型，触觉的质感和视觉的质感，所有的触觉质感可提供视觉质感，视觉质感可用肌理或者图案来表示。质感是视觉与触觉交织在一起而感觉到的，所有的物质都有一定程度的质感。质感与光线在某些环境中会相互作用，质感会消耗光，光通过反射后质感会变差。质感与图案之间有着紧密的关联，图案是装饰性设计，当图案元素变小以至于失去图形特征，它们则偏向质感。

色彩与形状、质感一样是所有形式的视觉特质。我们将人主观对冷暖的感受称为主观色彩学，把按照严格比例调配出来的称为客观色彩学。在环境中我们被色彩包围着，其根源是光的作用，如果没有光，色彩是无法存在的。物体表面的材料拥有天然的色彩，这种天然色彩可以用含有色彩的天然材料来改变。有色光在性质上做的是加法操作，每一种颜料都吸收一定比例的白光，当把颜料混合到一起时，它们把吸收的光结合起来，使光谱中不同的光消失，由保留下来的光决定混合颜料的色相、明度和纯度。除了色彩的相互作用影响，还需要我们注意色彩是如何影响室内空间形态感知的。色彩的明暗、冷暖和层次感，都能够不同程度地决定空间效果，每个人对颜色的情绪反应随着个人生活经验和文化背景的差异也会有所不同，在室内设计色彩的运用上需要我们因人而异，根据使用者的特征来决定具体使用的颜色。

在设计中比例是能够把握整体的一种方法，当处于空间环境中，我们必须考虑物体的比例。比例系统建立了一个在组合部分中的视觉关系，当我们感觉到现存元素或物体之间有着某种大小变化的弹性关系时，比例在这种状态中就是和谐的。自身独立的和谐状态与室内的整体动态不发生关系，比例夸张、强烈的变化会有动感，与室内整体也会发生关联。

尺度是人主观感受的结果，在空间内部是绝对的，在空间外部则是相对的。尺度设计的原则与比例有关，比例与尺度都要利用事物的相对大小来衡量。其中，比例属于部分针对整体的关系，而尺寸则是指单独事物相对于普遍标准的大小。换言之，比例探讨的是某个事物内部的尺寸关系，而尺度是指某个事物与人们已知的另一事物之间的大小关系。视觉尺度指互相比较的尺度关系，人们判断事物大小的时候会以多数的事物作为标准。人体尺度指的是事物和人体相比感受的大小，如果一个室内空间或元素的尺寸让我们觉得太小，我们便说它是非人性尺度。反过来，如果这个尺寸令人舒适，我们便说它是符合人性的尺度。通常我们会利用门窗高度和桌椅尺寸来识别尺度，因为我们已经习惯了这些元素的尺寸。室内元素可以与整个空间有关系，也可以与彼此有关系，还与人有关系。对于一些元素来说，具有一个正常有序的尺度，而与其他尺度相比又具有一个另外的尺度，这是一个很正常的现象，具有不寻常尺度的元素可以用来吸引注意力或者用来产生或强调某个焦点。

平衡是通过强调变化中的统一完成的，通常形成一种形式的时候，我们要考虑如何使这些元素统一并将这些元素安排至一种视觉的平衡状态中。在室内空间中，每一种构件都有其独特的形式，这些特征配合着其所处的位置和朝向等要素共同决定了每一构件的视觉作用程度，以及它在整个空间模式中的作用力大小。平衡有三种形式，对称平衡、放射状平衡及非对称平衡。对称平衡以统一为主导，放射状平衡由元素作用产生从中心向外的作用力，非对称平衡是由于缺乏协调的形式或缺乏相关性而造成的。

韵律的设计原则是以元素在时空中的重复为基础。重复不仅能制造视觉的统一，也能在空间内外引导观察者产生联系的韵律移动。通过改变循环元素摆放的间距以及改变循环元素的步调来强调环境，强调环境中的某个点，得到的环境韵律可能是高雅、流畅的或清晰的韵律样式的轮廓和单一形状能进一步加强韵律性。韵律可以说是当我们穿过一系列空间时身体的移动现象。韵律结合了基本的重复观念，并被当成组织空间的工具。当重要元素被建立，就会有附属元素增强支配性元素，而次要元素就像视觉的分段重点，有利于结合主要元素与附属元素。依据和谐的法则及形状、色彩、比例的关系，我们要保有设计的统一性。

第四章　东北旅游产品设计流程

一、市场调研与目标确定

1. 东北旅游市场现状分析

一是东北旅游市场游客数量主要呈现为以下状态。

东北旅游市场游客数量现状呈现出快速增长和多元化的趋势，2024年前三季度国内旅游人次达到42.9亿人次，同比增长16.8%，其中黑龙江省旅游热度涨幅达152%，居东三省之首，辽宁、吉林紧随其后。从各省旅游接待人次来看，辽宁省前11个月接待游客11.32亿人次，吉林省约12亿人次，黑龙江省接待人次也处于较高水平。

哈尔滨作为冰雪旅游的代表城市，热度极高。元旦假期，哈尔滨市累计接待游客304.79万人次，旅游总收入59.14亿元，均达到历史峰值。多个平台数据显示，预计直至春节前后，以哈尔滨为代表的冰雪旅游热度和相关订单增长仍将持续。长春成功晋级东北文旅"第一城"，位居副省级城市第二方阵首位，2023年接待旅游人次达到1.47亿人次，同比增长161.74%。沈阳2023年接待旅游人次达到1.4亿人次，同比增长94.44%。大连2023年接待旅游人次为1.36亿人次，同比增长76.62%。就东北地区整体旅游收入情况来看，东北地区旅游收入同样强劲，2024年前三季度，黑龙江省旅游收入同比增长67.1%，遥遥领先；辽宁以25.4%紧跟其后。

二是东北旅游市场游客来源调查。

东北地区的本地游客。东北地区的居民对当地的旅游资源较为熟悉和感兴趣，且交通便利，在节假日和闲暇时光会选择就近旅游。例如，辽宁省内各城市之间的互游，沈阳、大连、鞍山等城市的居民会相互前往旅游。

京津冀地区。北京、天津等城市经济发达，居民收入水平高，旅游消费能力强。同时，距离东北较近，交通便捷，高铁、飞机等交通方式使得出行时间大幅缩短。而且东北的冰雪旅游、民俗文化等对京津冀地区的游客具有很大的吸引力。

长江三角洲地区。上海、苏州、杭州等城市经济繁荣，人口众多，旅游市场需求旺盛。这些城市的居民对旅游品质有较高要求，东北丰富的旅游资源，如长白山的壮丽景色、哈尔滨的冰雪文化等，能够满足他们对于高品质旅游体验的追求。此外，随着东北地区旅游宣传力度的加大，越来越多的长江三角洲地区游客选择前往东北旅游。

珠江三角洲地区。广州、深圳等城市经济发展迅速，居民生活水平较高，旅游意愿强烈。东北地区与珠江三角洲地区在气候、景观等方面差异较大，东北的冰雪世界、草原风光等对珠江三角洲地区的游客具有独特的吸引力。同时，交通条件的改善也使得两地之间的往来更加频繁。

游客来源地根据不同因素会有所变化，南方地区游客增长迅速，远程客源市场也在逐渐拓展。近年来，随着东北旅游的宣传推广以及交通条件的不断改善，南方地区的游客数量增长明显。南方游客对东北的冰雪旅游、温泉度假、民俗风情等特色旅游产品表现出浓厚的兴趣。例如，春节期间大量南方游客前往东北体验冰雪乐趣，使哈尔滨、长春等城市的冰雪旅游市场异常火爆。除了传统的周边客源地，东北旅游市场还在不断拓展远程客源。随着航空运输的发展以及旅游产品的多样化，来自西北、西南等地区的游客数量也在逐渐增加。例如，一些旅游企业推出了针对西北市场的东北旅游专线，吸引了西安、兰州等地的游客前往东北旅游。

影响游客来源地的因素主要有旅游资源吸引力、交通便利程度、旅游宣传推广和旅游政策支持。东北独特的自然景观和人文景观是吸引游客的重要因素。如长白山的天池、雪乡的雪景、沈阳故宫等景点在全国乃至世界都具有较高的知名度，吸引了大量游客前来观光游览。交通条件的改善对于扩大客源地范围至关重要。高铁、高速公路、航空等交通网络的不断完善，使得东北与其他地区的联系更加紧密，缩短了旅行时间，提高了旅游的便利性。例如，京沈高铁的开通，使北京到沈阳的旅行时间大大缩短，促进了京津冀地区游客前往东北旅游。近年来，东北地区通过各种渠道进行旅游宣传推广，如在社交媒体上发布精美的旅游图片、视频，举办旅游推介会等，提高了东北旅游的知名度和美誉度，吸引了更多游客的关注。特别是哈尔滨冰雪大世界的宣传，使哈尔滨成为全国乃至世界知名的冰雪旅游目的地。政府出台的一系列旅游政策也对游客来源地产生了影响。例如，一些地方政府推出了旅游优惠政策，如门票减免、旅游补贴等，吸引了更多游客前往东北旅游。东北旅游市场游客来源地呈现多元化趋势，未来应继续加强宣传推广和提高服务质量以吸引更多游客前来体验东北的独特魅力。

三是东北旅游市场游客消费习惯主要影响因素。

东北旅游市场游客消费习惯现状呈现出包括预算增长趋势明显、人均花费范围较集中、旅游停留时间较长、出行时间选择灵活、自由行比例高、注重性价比等特点。2024年，增加旅游预算的消费者占比达到了74.7%，同比提升了7.3个百分点。其中，计划大幅提高旅游预算的占比为32.2%，同比提升了6.3个百分点。春节假期，约五成以上受访对象预估人均花费接近2000～6000元。其中，预估人均消费在2000～4000元的受访对象占比最高，为23.9%；预估人均消费4000～6000元的受访对象占比为23.0%；预估人均消费在6000～8000元的受访对象占比为14.3%；预估人均消费过万元的受访者约为11.6%。游客在东北游玩时多愿意停留5天左右。如锦州居民出游习惯显示，随着人均GDP的提高，锦州出游消费能力逐渐提高，消费形式也逐渐向度假经济、体验旅游发展转变。春节假期，超60%的受访对象计划在春节假期安排5～8天甚至更长时间的旅程。其中，选择在大年初一、初二、初三出行的消费者占比最多，为44.5%；计划除夕前请假或调休，率先出门的消费者占比为27.7%。旅游方式方面，计划自由行的游客占比最高，为73.6%；其次是跟团游和定制游。旅游项目偏好方面，冰雪项目受欢迎程度较高，东北地区独特的冰雪景观是吸引游客的重要因素，如哈尔滨的冰雪大世界、长白山的滑雪胜地等都是国内外游客喜爱的旅游目的地。此外，一些与冰雪相关的特色活动，如乘越野车穿越漠河、在枫叶林中漂流等项目也受到游客的青睐。民俗文化体验受关注程度较高，东北地区丰富的民俗文化，如二人转、东北菜、满族风情等，吸引了大批游客前来体验。游客可以品尝当地的美食、欣赏民间艺术表演、了解当地的历史文化，为旅游增添了更多的文化内涵。部分游客会选择在游玩之余泡温泉放松身心，享受度假时光。消费观念方面，辽宁旅游以其高性价比受到游客关注，人均游玩花费仅为2000元左右。游客在旅游过程中逐渐注重合理消费，避免不必要的浪费。在选择旅游产品和服务时，会更加谨慎，通过各种渠道了解信息，进行比较后再作出决策。同时，也会注意维护自己的合法权益，遇到问题及时投诉维权。东北旅游市场游客消费习惯现状呈现出多元化、个性化的趋势。未来，随着旅游业的不断发展和创新，相信东北旅游市场将迎来更加广阔的发展前景。

四是现有东北旅游产品类型统计。

常见的东北旅游产品类型主要分为冰雪旅游产品、生态旅游产品、历史文化旅游产品、边境旅游产品、温泉养生旅游产品、乡村旅游产品、红色旅游产品等。

冰雪旅游产品主要分为度假滑雪、冰雪观光和冰雪体验活动。东北拥有众多优质的滑雪场地，如黑龙江的亚布力滑雪场、吉林的北大湖滑雪场等。这些滑雪场设施完备，雪道多样，适合不同水平的滑雪爱好者。除了滑雪，还提供雪地摩托、雪圈等娱乐项目，以及专业的滑雪教练指导和培训服务。哈尔滨冰雪大世界是东北冰雪观光的标志性景点，每年都会举办大型的冰雪主题活动，展示精美的冰雕艺术作品。此外，还有吉林雾凇岛的雾凇景观，当气温达零下20℃左右时，江水在低温下形成雾气，遇到寒冷的空气后凝结成霜花，挂在树上，仿佛银装素裹，美轮美奂。冰雪体验活动包括马拉爬犁、雪地徒步、冰钓等传统冬季活动，让游客充分感受东北的冰雪文化和民俗风情。

生态旅游产品主要有森林旅游、湿地旅游和草原旅游。长白山是中国著名的森林旅游胜地，拥有丰富的植被资源和独特的火山地貌。游客可以在这里进行森林漫步、登山探险、观赏天池等自然景观，同时还能呼吸到清新的空气，享受大自然的宁静与美丽。扎龙自然保护区是亚洲第一、世界第四的芦苇湿地，也是世界最大的芦苇湿地之一。这里栖息着大量的珍稀鸟类，游客可以乘船游览湿地，观赏丹顶鹤等鸟类的优美姿态，了解湿地生态系统的重要性。呼伦贝尔大草原位于内蒙古自治区东北部，与东北地区相邻，其广袤无垠的草原风光吸引了众多游客。游客可以在这里骑马驰骋、观看蒙古族歌舞表演、品尝蒙古族特色美食，体验草原文化的魅力。

历史文化旅游产品主要有古建筑参观、历史遗迹游览和民俗文化体验。沈阳故宫是清朝初期的皇家宫殿，具有极高的历史和艺术价值。它以独特的建筑风格和丰富的文化内涵吸引着大量游客前来参观。此外，还有吉林的伪满皇宫博物院，展示了在日本操纵下溥仪执政时期的宫廷生活和历史文物。高句丽古迹分布在东北地区的不同地方，如辽宁桓仁五女山、吉林集安等地。这些古迹见证了古代高句丽王国的辉煌历史，游客可以通过参观这些古迹，了解古代东北的历史和文化。东北的民俗文化丰富多彩，如二人转、大秧歌等民间艺术形式深受游客喜爱。在一些民俗村落或景区，游客可以观看民俗表演、参与民俗活动，品尝传统的东北美食，感受浓郁的东北民俗风情。

边境旅游产品主要有边境风光游和跨境旅游。东北与俄罗斯、朝鲜接壤，拥有独特的边境风光。例如，图们江畔的防川风景区，是中朝俄三国交界的地方，游客可以在这里一眼望三国，欣赏到不同的边境风光和民族风情。近年来，东北的跨境旅游也逐渐兴起。游客可以通过合法手续前往俄罗斯或朝鲜的边境地区旅游，体验异国的文化和生活。例如，从延吉出发到俄罗斯的符拉迪沃斯托克（海参崴）等地，感受不一样的异国风情。

温泉养生旅游产品主要有温泉度假和温泉疗养。东北有许多优质的温泉资源，如辽宁的鞍山汤岗子温泉、营口熊岳温泉等。这些温泉富含多种矿物质和微量元素，对身体健康有益。温泉度假区内通常还配备了完善的休闲设施和服务，如温泉酒店、SPA 中心、健身房等，为游客提供了舒适的养生环境。一些温泉还结合了医疗资源，开展温泉疗养项目。例如，利用温泉水的温度和成分，对一些疾病进行治疗和康复。游客可以在专业医生的指导下进行温泉疗养，达到养生保健的目的。

乡村旅游产品主要有农家乐体验和特色农产品购买。东北地区的乡村有着独特的田园风光和民俗文化。游客可以选择住在农家乐，体验农村生活，参与农事活动，如采摘水果、蔬菜，喂养家禽等。同时，还可以品尝到新鲜的农家菜，感受乡村的宁静与美好。东北的乡村地区盛产各种特色农产品，如东北大米、人参、木耳、蘑菇等。游客可以在乡村旅游时购买这些特色农产品，作为纪念品或馈赠亲友的礼物。

红色旅游产品主要有革命遗址参观和红色文化体验。东北是抗日战争和解放战争的重要战场，留下了许多革命遗址和纪念地。例如，杨靖宇将军纪念馆、抗联遗址等，这些地方见证了东北人民为国家独立和民族解放所作出的巨大牺牲和贡献。游客可以通过参观这些革命遗址，缅怀先烈，传承红色基因。一些红色旅游景区还开展了红色文化体验活动，如穿上军装、模拟战斗场景等，让游客更加深入地了解革命历史和文化。

2. 目标客户群体定位

东北旅游目标客户群体的年龄主要分为两类。一类是以 25 ~ 45 岁的中青年为主，这个年龄段的人群通常处于职业发展上升期，经济相对稳定，有一定积蓄用于旅游消费，且对新事物充满好奇心，渴望探索不同地方的风土人情。他们可能更倾向于选择具有挑战性、体验感强的旅游项目，如滑雪、登山等户外运动以及文化体验类活动。同时，由于工作繁忙，他们更倾向于在节假日或年假期间进行集中的旅游出行，以放松身心，缓解工作压力。另一类是老年群体。随着人们生活水平的提高和健康意识的增强，越来越多的老年人开始积极参与旅游活动。对于东北的冰雪旅游资源，一些身体状况较好的老年人可能会在子女的陪伴下前往体验。他们更注重旅游的舒适性和安全性，对温泉养生、休闲观光等较为温和的旅游项目比较感兴趣。

在游客的性别方面，男性消费者可能对探险、刺激类的旅游项目有较高的兴趣，如冰钓、雪地摩托等。他们往往更愿意挑战自我，追求速度与激情的体验。在旅游决策过程中，男性可能更关注旅游目的地的独特性和新奇性，对旅游产品的专业性和技术性要求相对较高。女性消费者则可能更注重旅游过程中的细节和情感体验，对旅游目的地的环境氛围、文化内涵以及服务质量更为敏感。她们可能更倾向于选择风景优美、具有浪漫气息的旅游景点，如冰雪大世界等。在旅游消费方面，女性可能会在购物、美容护肤等方面有更多的支出。

游客的职业以企业白领、学生群体和自由职业者为主。企业白领工作压力大，需要通过旅游来放松身心、缓解压力。他们通常有一定的经济基础和较高的文化素养，对旅游品质有较高要求，注重旅游过程中的休息和娱乐设施，喜欢选择环境优美、服务周到的旅游目的地。学生群体包括大学生和中小学生，大学生有较多的自由支配时间和一定的经济来源，他们充满活力，对新鲜事物充满好奇，喜欢结伴出行，体验不同的文化和生活方式。中小学生则主要在寒暑假期间由家长带领出游，其旅游决策主要由家长做出，但也越来越注重旅游的趣味性和教育意义。自由职业者工作时间相对灵活，能够自主安排旅游行程。他们对旅游的兴趣浓厚，可能会选择在旅游旺季之外的时间段出行，以避开人流高峰，享受更为宁静和独特的旅游体验。自由职业者的消费观念较为个性化，对旅游产品和服务的多样性和创新性有较高期望。

游客的收入水平方面分为中高收入群体、中等收入群体和低收入群体。中高收入群体是东北旅游产品的主要消费群体之一。他们有足够的经济实力支付相对较高的旅游费用，对旅游品质有较高要求，注重住宿、餐饮、交通等方面的舒适度和便利性。这部分人群更倾向于选择高端旅游产品，如豪华酒店、特色民宿、定制旅游线路等，以满足其个性化需求。中等收入群体数量庞大，对旅游价格较为敏感，通常会在预算范围内选择性价比高的旅游产品。他们可能会选择经济实惠型的酒店、餐厅和交通工具，但对旅游目的地的知名度和吸引力也有较高要求。中等收入群体更倾向于选择大众旅游产品，如热门景区门票、普通旅游团等。低收入群体虽然不是东北旅游产品的主要目标客户，但也不可忽视。这部分人群可能会选择一些免费或低价的旅游景点，或者参加价格较为低廉的旅游团。对于他们来说，旅游的主要目的是放松心情、开阔眼界，对旅游设施和服务的要求相对较低。

旅游偏好和需求调研。

东北旅游产品目标客户群体的旅游偏好主要体现在对于旅游主题的偏好、旅游方式的偏好和旅游时间的偏好。旅游主题方面以自然风光与文化体验并重。一方面，东北独特的冰雪景观、广袤森林、壮丽山川等自然风光对游客有极大吸引力；另一方面，东北地区丰富的历史文化遗产，如沈阳故宫、伪满皇宫博物院等，以及具有地方特色的民俗文化，如二人转、大秧歌等，也深受游客喜爱。旅游方式偏好方面自由行与跟团游并存。部分游客喜欢自由行，以更好的体验当地风土人情，自主安排行程，深入探索小众景点。另一些游客则倾向于跟团游，尤其是家庭出游或初次前往东北的游客，跟团游可提供更便捷、全面的服务，包括交通、住宿、餐饮和导游讲解等。冬季是东北旅游的黄金季节，游客主要集中在12月至次年2月前来体验冰雪旅游项目，如滑雪、滑冰、赏冰雕雪景等。此外，春、秋两季气候宜人，也是游客选择出行的高峰期，适合进行户外活动和欣赏自然风光。

东北旅游产品目标客户群体的旅游需求主要有对高品质旅游产品的需求、对个性化旅游产品的需求和对旅游信息的需求。对高品质旅游产品的需求方面，随着人们生活水平的提高，游客对旅游品质的要求也越来越高。他们希望在东北能够体验到舒适的住宿环境、美味的餐饮、便捷的交通以及专业的导游服务。例如，高星级酒店、特色民宿的预订量逐年增加，游客对于旅游过程中的细节和服务品质更加关注。对个性化旅游产品的需求方面，不同游客有不同的兴趣爱好和需求，因此个性化旅游产品受到越来越多游客的青睐。比如，摄影爱好者希望参加专门的摄影团，深入东北的自然保护区拍摄珍稀动植物和独特景观；亲子家庭则更倾向于选择包含亲子互动项目的旅游产品，如冰雪乐园、亲子滑雪场等。对旅游信息的需求方面，在旅游决策过程中，游客需要获取准确、全面的旅游信息，包括景点介绍、交通指南、美食推荐、天气情况等。互联网成为游客获取旅游信息的主要渠道，因此旅游企业需要加强线上宣传和推广，提供详细的旅游攻略和实用信息，帮助游客更好地规划行程。

总的来说，东北旅游产品的目标客户群体呈现出多样化的特征。为了吸引更多游客并满足不同客户的需求，东北旅游产品开发者应充分考虑这些特征，制定有针对性的市场策略和服务方案。东北旅游产品的目标客户群体具有多样化的旅游偏好和需求。为了更好地满足这些需求，东北旅游企业需要不断创新和优化旅游产品和服务，提高旅游品质和服务水平。

二、资源整合与创意构思

1. 东北旅游资源梳理

自然景观资源主要有冰雪资源、森林资源和水域资源。冰雪资源有黑龙江的哈尔滨冰雪大世界、太阳岛雪博会，吉林的长白山天池、松花江雾凇，辽宁的沈阳棋盘山冰雪大世界等，都是著名的冰雪景观。冬季的东北大地仿佛被冰雪覆盖的童话世界，滑雪、滑冰、赏冰雕等活动吸引着大量游客。森林资源有大兴安岭、小兴安岭和长白山等地拥有广袤的原始森林，森林覆盖率高，空气清新，负氧离子含量高。例如，长白山的地下森林，树木种类繁多，植被层次分明，漫步其中仿佛置身于绿色的海洋。东北地区有众多的河流、湖泊和海洋。如黑龙江的镜泊湖、兴凯湖，吉林的松花湖、查干湖，辽宁的鸭绿江、星海广场附近的海域等。这些水域为游客提供了丰富的水上活动项目，如游泳、划船、钓鱼等，同时也增添了自然风光的美感。

人文景观资源主要有历史遗迹、民俗文化和工业遗产。辽宁的沈阳故宫是中国现存最完整的两座宫殿建筑群之一，具有极高的历史和艺术价值；吉林的伪满皇宫博物院是清朝末代皇帝溥仪居住和办公的地方，见证了中国近代历史的变迁；黑龙江的五大连池是由火山喷发形成的五个相连的湖泊，周围分布着许多火山遗迹和地质奇观，具有很高的科研价值和观赏性。东北的民俗文化丰富多彩，如二人转、大秧歌、东北虎等非物质文化遗产。在农村地区，还可以体验到传统的东北年俗，如杀猪菜、包饺子、放鞭炮等，感受浓郁的东北风情。东北地区是中国重要的老工业基地，有许多工业遗产值得参观。如辽宁的鞍钢集团、沈阳机床厂等，这些工业遗址见证了中国工业的发展历程，如今已成为工业旅游的重要景点。

旅游设施与服务主要包括交通设施、住宿设施和旅游服务，东北地区的交通较为便利，有多个国际机场、火车站和高速公路。如哈尔滨太平国际机场、沈阳桃仙国际机场、大连周水子国际机场等，方便了游客的出行。东北地区的住宿设施较为完善，有各种档次的酒店、宾馆和民宿。在旅游景区附近还有许多特色度假村和农家乐，为游客提供了多样化的住宿选择。东北地区的旅游服务水平也在不断提高，旅行社、导游、餐饮、购物等服务一应俱全。同时，政府也在加强对旅游市场的监管，规范旅游市场秩序，保障游客的合法权益。

总之，东北旅游资源丰富多样，既有独特的自然景观，又有深厚的人文底蕴。随着旅游业的不断发展，东北地区将继续挖掘和整合旅游资源，提升旅游品质，为游客提供更加优质的旅游体验。

2. 创意构思与主题提炼

冰雪文化创意旅游。打造以冰雪为主题的大型文化创意公园，如“冰雪梦幻王国”。园内设置各种以冰雪为主题的娱乐设施和体验区，如冰雕艺术馆、雪地探险乐园、冰雪童话小镇等。游客可以在这里欣赏精美的冰雕艺术作品，参与刺激的雪地活动，还能体验冰雪童话般的浪漫氛围。举办丰富多彩的冰雪文化节事活动，如国际冰雪雕塑大赛、冰雪音乐节、冰雪美食节等。邀请国内外知名艺术家和表演团体参与，提升活动的影响力和吸引力。这些活动不仅能够展示东北的冰雪文化，还能为游客带来独特的文化体验。开发具有东北特色的冰雪文创产品，如冰雪主题的手工艺品、纪念品、服饰等。这些产品可以作为旅游纪念品销售，也可以作为文化传播的载体，让游客把东北的冰雪文化带回家。

生态康养旅游。利用东北丰富的森林资源，打造森林康养基地。基地内提供森林浴、瑜伽、冥想、养生讲座等康养项目，让游客在大自然中放松身心，享受健康生活。同时，还可以结合当地的中医药文化，开展中药养生、温泉理疗等特色项目。开发湿地生态旅游项目，如湿地观鸟、湿地徒步、湿地科普教育等。让游客近距离接触湿地生态系统，了解湿地的生态价值和保护意义。此外，还可以开展湿地生态体验活动，如采摘湿地植物、制作湿地手工艺品等，增加游客的参与度和体验感。结合东北的乡村振兴战略，发展乡村生态旅游。推出农家乐、民宿、乡村采摘等旅游项目，让游客体验乡村生活，品尝农家美食，感受东北乡村的自然风光和民俗文化。

跨境旅游与文化旅游融合。利用东北的地理位置优势，开发跨境旅游线路。与俄罗斯、朝鲜、韩国等周边国家合作，推出跨境自驾游、跨境徒步游、跨境购物游等旅游产品。游客可以在不同国家的边境地区体验异国风情，感受不同文化的碰撞与融合。深入挖掘东北的历史文化和民俗文化，打造文化旅游体验项目。如参观东北的古城、古村落、历史遗迹等，了解东北的历史变迁和文化传承；参与东北的民俗活动，如扭秧歌、二人转、东北大集等，感受东北的民俗风情和传统文化。开发具有东北特色的文化创意旅游产品，如东北民俗文化主题的旅游演艺、文化创意街区、文化主题酒店等。这些产品可以为游客提供独特的文化体验，同时也能推动东北文化的传播和发展。

智慧旅游与科技旅游。建设智慧旅游景区，利用互联网、大数据、人工智能等技术，提高景区的管理服务水平。游客可以通过手机App实现在线预订、智能导览、语音讲解等功能，提高旅游的便利性和体验感。同时，景区还可以利用智能设备进行环境监测和安全管理，保障游客的安全和舒适。开发科技旅游体验项目，如虚拟现实体验、增强现实体验、太空模拟体验、机器人互动体验等。让游客在旅游中感受科技的魅力，增加旅游的趣味性和吸引力。建立旅游科技创新平台，鼓励企业和科研机构开展旅游科技创新。推动旅游科技成果的转化和应用，为东北旅游的发展提供技术支持和创新动力。

红色旅游与爱国主义教育旅游。整合东北的红色旅游资源，打造红色旅游景点。如抗联遗址、革命纪念馆、烈士陵园等，让游客了解东北的抗日历史和革命精神。同时，还可以开展红色文化主题活动，如红色故事讲解、革命歌曲演唱等，增强游客的爱国主义情感。建设爱国主义教育基地，开展爱国主义教育活动。如青少年夏令营、爱国主义教育讲座、红色文化体验等，让游客在旅游中接受爱国主义教育，传承和弘扬东北的红色文化。设计红色旅游线路，将东北的红色旅游景点串联起来，形成红色旅游精品线路。游客可以沿着线路参观各个景点，深入了解东北的红色历史和文化。

综上所述，通过这些创新旅游概念的实施，不仅可以提升东北旅游的吸引力和竞争力，还能促进当地经济的发展和社会的进步。

3. 旅游线路规划

沈阳—长春—哈尔滨。沈阳作为东北的政治与文化中心，有众多历史遗迹，如沈阳故宫、张氏帅府、沈水湾公园等；长春以电影和汽车工业闻名，可参观长春电影制片厂、伪满皇宫博物院以及净月潭国家森林公园等；哈尔滨则是以冰雪文化著称，冬季的冰雪大世界、太阳岛雪雕艺术博览会等令人向往。此外，还有俄罗斯风情的建筑，如圣·索非亚教堂、中央大街等。

哈尔滨—五大连池—黑河—漠河。这条线路可以充分体验东北的冰雪文化。从哈尔滨出发，前往五大连池欣赏独特的火山地质景观和温泉资源，接着到黑河感受边境城市的风情，最后抵达中国最北端的漠河，欣赏北极村的极光、白夜等自然奇观。

长白山—延吉—图们—珲春。长白山是东北著名的旅游胜地，冬季的长白山被冰雪覆盖，宛如童话世界，可进行滑雪、温泉等活动。延吉是朝鲜族聚居地，能品尝到正宗的朝鲜族美食，体验朝鲜族民俗文化。图们和珲春位于中朝边境，可远望朝鲜的边境城市，感受异国风情。

大连—营口—盘锦—锦州。大连是一座美丽的海滨城市，有星海广场、棒棰岛、老虎滩海洋公园等著名景点，还可以品尝到新鲜的海鲜。营口的鲅鱼圈区有月牙湾海滨浴场等优质的海滩资源。盘锦的红海滩是中国最美丽的湿地之一，秋季时红碱蓬漫滩遍野，景色十分壮观。锦州则有笔架山等景点，这里的天桥在涨潮时被海水淹没，退潮时露出水面，颇为神奇。

海拉尔—阿尔山—新巴尔虎左旗—新巴尔虎右旗—满洲里。海拉尔是呼伦贝尔大草原的中心城市，从这里出发可以深入大草原，欣赏广袤无垠的草原风光，参与骑马、射箭、住蒙古包等活动。阿尔山拥有独特的火山地貌和丰富的森林资源，空气清新，风景秀丽。满洲里则是中国最大的陆路口岸城市，充满了异域风情，可参观国门景区、套娃广场等。

吉林—松原—白山。吉林市有雾凇岛等特色景点，冬季时雾凇岛的雾凇景观美不胜收。松原查干湖冬季有盛大的冬捕活动，游客可以观看传统的捕鱼仪式，品尝鲜美的全鱼宴。白山市有露水河国家森林公园、万达长白山国际度假区等景点，既可以欣赏自然风光，又可以体验休闲度假。

总之，这些旅游线路各具特色，无论是喜欢历史文化的游客还是热爱自然风光的朋友，都能在东北地区找到适合自己的旅行方式。通过这样的线路规划，不仅可以领略到东北的美丽风光和丰富文化，还能促进当地旅游业的发展。

三、产品设计与开发

1. 旅游产品详细设计

东北地区的旅游线路规划已经较为丰富多样，但仍有优化与完善的空间。在加强区域合作方面，东北三省应继续深化旅游协同发展，加大区域线路产品协同开发力度，共同打造具有国内外影响力的东北区域旅游品牌。例如，联合开发环长白山、中蒙、中俄、中朝自驾游等特色旅游产品，以及环日本海邮轮旅游产品等。推动建立政府间协调推进机制，统筹谋划促进旅游业高质量发展的政策举措，共同解决旅游业协同发展的重大问题。提高交通服务水平，打通省际省内旅游交通关键节点，加强骨干线路衔接，形成地区联通、全国通达的快速客运网络。根据市场需要合理增开旅游列车，优化配置旅游枢纽城市、重点旅游集散城市、特色旅游城市、特色旅游目的地列车班次。在完善旅游基础设施方面，加快推进重点旅游城市高速公路建设，完善高速公路网，加强国省道路网改造提升。提升口岸跨境旅游服务功能，强化边境口岸基础设施建设，提高口岸公共卫生防疫能力。在丰富旅游产品供给方面，实施冰雪旅游提升工程，提档升级冰雪度假、冰雪运动、赏冰戏雪、冰雪温泉、冰雪赛事节会等冰雪旅游产品。大力发展避暑旅游，依托东北地区温润凉爽的气候资源，引导以冰雪旅游为主的旅游景区和度假区探索发展夏季服务业态。积极发展自驾旅游，加快推进旅游风景道、草原森林旅游风景道等旅游风景道建设，打造生态、游憩、体验、运动等复合功能的自驾游交通网。在提高旅游服务质量方面，加强旅游市场整治，规范旅游市场秩序，提升游客满意度。加强旅游从业人员培训，提高旅游服务质量和水平。在加强宣传推广方面，建立宣传一体化工作机制，通过建立“共塑市场、整合资源、优化品牌、同步宣传”的文旅产业合作机制，实现“强化交流、优势互补、互利互惠、共同发展”的战略目标。利用新媒体平台进行宣传推广，如开设官方微博、微信公众号等社交媒体账号，定期发布旅游信息和优惠活动等。在注重生态保护方面，充分利用东北地区丰富的生态景观资源，推动生态保护与旅游发展有机结合，科学发展以森林、草原、湿地为代表的绿色旅游产品和线路。建立健全以绿色景区、绿色饭店、绿色建筑、绿色交通为核心的绿色旅游标准化体系，实施旅游节能节水减排工程。在推动产业融合发展方面，推动旅游业与文化、体育、农业、林业等产业的融合发展，形成多元化的旅游产品体系。例如，开发乡村旅游、康养旅游、研学旅游等新型旅游产品。综上所述，通过这些措施的实施，可以进一步提升东北地区的旅游吸引力和竞争力，为游客提供更加优质、便捷、安全的旅游体验。

东北地区的旅游住宿、餐饮、交通等配套服务设计是一个综合性的系统工程，旨在为游客提供舒适、便捷、丰富的旅游体验。在旅游住宿设计方面，结合东北的乡村风光和民俗文化，在乡村地区发展特色民宿。如在雪乡等地打造具有东北林区特色的木屋民宿，让游客感受东北的原始生态和乡土气息。同时，在城市和旅游景区周边，建设不同档次的酒店，满足各类游客的需求。例如，在长白山脚下打造温泉度假酒店，让游客在游玩后能享受温泉放松身心。根据东北的文化元素，如满族文化、二人转文化等，设计主题酒店。从酒店的建筑外观到内部装饰，都融入相关的文化符号，为游客提供沉浸式的文化体验。对现有的住宿设施进行升级改造，提高服务质量和舒适度。加强酒店的信息化建设，提供便捷的预订、支付等服务；改善酒店的卫生条件和设施设备，如更新床上用品、增加智能设备等。在旅游餐饮设计方面，深入挖掘东北的特色美食，如锅包肉、地三鲜、猪肉炖粉条等东北农家菜，以及朝鲜族、满族等少数民族的特色菜肴，将其打造成具有代表性的旅游餐饮产品。可以在旅游景区、城市的美食街等地开设特色餐厅或小吃摊，让游客品尝地道的东北美食。在餐厅的设计和菜品的呈现上，融入东北的文化元素。例如，采用具有东北风情的装修风格，展示东北的民俗文化；在菜品的介绍中，讲述东北的饮食文化历史和故事，让游客在品尝美食的同时，了解东北的文化内涵。鼓励和支持本地餐饮企业打造具有影响力的品牌。通过参加美食节、举办烹饪比赛等活动，提高品牌的知名度和美誉度。同时，加强品牌的管理和营销，推出具有特色的餐饮产品和服务，吸引更多的游客。在旅游交通设计方面，合理规划航线，增加东北地区主要旅游城市之间的航班密度，方便游客出行。同时，积极拓展国际航线，吸引更多的国外游客。例如，开通更多连接东北亚地区的航线，加强与周边国家和地区的旅游交流。进一步完善东北地区的铁路网络，提高铁路的运行速度和舒适度。增开旅游专列，连接主要的旅游景点，如开通哈尔滨至漠河的旅游专列，让游客能够更便捷地欣赏到沿途的美景。加快高速公路和国省道的建设，提高公路的通行能力和安全性。打造自驾游精品线路，完善沿线的服务设施，如建设更多的汽车营地、观景台、休息区等，为自驾游游客提供更好的服务。加强城市内部的公共交通建设，优化公交线路，增加旅游专线巴士，方便游客前往各个景点。同时，规范出租车、网约车的管理，提高服务质量。此外，可以在城市的主要景区和商业区设置共享单车、共享汽车等交通工具，满足游客的短距离出行需求。综上所述，东北地区的旅游住宿、餐饮、交通等配套服务设计需全面考虑游客需求，融合地域特色与现代服务理念，以提升整体旅游品质。

2. 视觉设计与包装

在宣传海报设计方面，根据不同的目标受众和宣传重点，确定海报的主题和风格。例如，针对年轻游客的冰雪主题海报，可以采用现代、时尚、活力的风格；而针对家庭游游客的自然风光主题海报，则可以呈现出温馨、宁静、自然的感觉。运用具有东北特色的鲜明色彩，如红色、蓝色、白色等，以突出东北的冰雪文化、民俗风情和自然景观。同时，注意色彩的搭配要协调，避免过于刺眼或杂乱。使用高清、精美的东北旅游景点图片，如长白山天池、哈尔滨冰雪大世界、漠河极光等，让游客能够直观地感受到东北的魅力。也可以加入一些具有代表性的元素，如雪人、冰雕、红灯笼等，增加海报的趣味性和文化氛围。简洁明了地传达出旅游产品的核心卖点，如东北冰雪奇缘、探秘长白山、哈尔滨冬日狂欢等，并注明价格、行程天数、出发日期等关键信息，方便游客了解和选择。合理安排图片、文字和装饰元素的位置，使海报整体看起来舒适、美观、有层次感。可以采用对称式、非对称式、三分法等常见的排版方式，突出重点内容。

在宣传册设计方面，封面是宣传册的第一印象要设计得简洁大气、富有吸引力。可以使用一张具有代表性的东北风景图片作为背景，如雾凇岛的日出、五大连池的湖光山色等，再配上醒目的标题和副标题，如东北旅游指南、畅游东北、感受北国风光等。在宣传册的开头列出详细的目录，包括景点介绍、美食推荐、民俗文化、旅游线路、住宿交通等板块，让游客能够快速找到自己感兴趣的内容。对于每个景点的介绍，除了提供基本的文字描述，还可以插入多张精美的图片，从不同角度展示景点的特色和魅力。同时，可以添加一些小贴士，如最佳游览时间、门票价格、注意事项等，帮助游客更好地规划行程。在美食推荐部分，可以介绍一些具有代表性的东北美食，并附上图片和简单的制作方法或品尝地点。民俗文化部分则可以通过图片和文字相结合的方式，展示东北的传统节日、民间艺术、手工艺品等独特的文化魅力。为游客提供多种不同的旅游线路选择，如东北经典五日游、冰雪奇趣七日游、边境风情十日游等，并详细说明每天的行程安排、交通方式、住宿地点等信息，让游客能够根据自己的时间和兴趣选择合适的线路。可以在宣传册中加入一些互动元素，如二维码扫描获取更多信息、在线预订、留言板等，增加游客与宣传册之间的互动性和参与度。选择高质量的纸张进行印刷，以确保宣传册的色彩鲜艳、图像清晰、质感良好。同时，要注意印刷工艺的选择，如覆膜、压花、烫金等，提升宣传册的整体档次。

在网站界面设计方面，采用大尺寸、高清的东北特色风景图片作为背景，如长白山天池、哈尔滨冰雪大世界等，吸引用户的注意力。在首页显著位置设置搜索框、热门景点推荐、当季旅游活动展示以及旅游套餐分类导航栏等。搜索框应支持关键词搜索、模糊搜索和智能推荐功能，方便用户快速找到自己感兴趣的内容。热门景点推荐可以以轮播图或卡片形式展示，每个景点配以精美的图片、简短的介绍和评分。当季旅游活动展示则突出当前季节东北的特色旅游项目，如冬季的滑雪、温泉，夏季的避暑胜地等。为每个景点设置专门的详情页，详细介绍景点的历史文化、自然风光、游玩项目、开放时间、门票价格、交通指南等信息。文字描述应生动有趣，结合图片、视频等多媒体元素，让用户更直观地了解景点。同时，提供游客评价和问答板块，增加用户之间的互动和信息共享。根据不同的旅游主题和时长，设计多种旅游线路供游客选择。每条线路都应清晰列出每天的行程安排、住宿地点、交通方式以及包含的景点和服务，并配有地图标注和费用明细。用户可以根据自己的喜好对线路进行调整和定制，也可以将喜欢的线路保存到个人中心或分享给他人。设立专门的文化体验板块，介绍东北的民俗文化、传统节日、特色美食、手工艺品等内容。通过文字、图片、视频等形式展示东北的文化魅力，并提供相关的体验活动预订服务，如参加满族婚礼体验、学习二人转表演、学习东北杀猪菜制作等，让游客深入了解和感受东北的文化底蕴。整合酒店、景区门票、交通票务等预订功能，提供安全、便捷的在线支付通道，支持多种支付方式，如微信支付、支付宝支付、手机银行支付等。在预订过程中，为用户提供清晰的订单信息和操作指引，确保用户能够顺利完成预订流程。同时，及时更新订单状态，方便用户查询和管理自己的预订记录。创建用户社区，鼓励用户分享自己的东北旅游经历、攻略、照片等，设置话题讨论区、点赞、评论等功能，增强用户之间的交流和互动。管理员可以定期发布一些优质的用户内容到首页或推荐板块，提高用户的参与度和积极性。此外，还可以举办线上旅游摄影比赛、游记征文等活动，吸引更多用户参与。确保网站在不同设备上都能良好显示和操作，采用响应式布局技术，自适应手机、平板、电脑等屏幕尺寸，优化页面加载速度，提升用户体验。

在App界面设计方面，设计简洁而富有吸引力的启动页，展示东北旅游的核心元素或标志性景观，如冰雕、雪景等，并配以动感的音乐和动画效果，快速抓住用户的注意力，激发其旅游兴趣。引导页可以采用图文结合的方式，向新用户介绍App的主要功能和使用方法，如何查找景点、预订酒店、制定行程等，帮助用户快速上手。采用底部导航栏模式，将核心功能分为首页、景点、线路等板块，方便用户快速切换。首页展示热门景点推荐、最新旅游资讯、特价旅游产品等信息；景点板块按照地区或类型进行分类浏览，每个景点以卡片形式展示，包括图片、名称、简介和评分等；线路板块提供各种旅游线路选择和定制功能。在顶部设置明显的搜索框，支持语音输入和关键词联想功能，方便用户快速查找景点、酒店、旅游线路等信息。同时，提供多维度的筛选条件，如价格范围、距离远近、景点类型、游玩时间等，帮助用户精准定位自己所需的旅游产品和服务。集成地图功能，显示用户当前位置和周边的旅游景点、酒店、餐厅等信息，通过支持地图导航和路线规划功能。让用户可以通过地图直观了解各个景点的分布情况，快速找到前往目的地的最佳路线，并查看实时交通状况，避免拥堵。根据用户的浏览历史、搜索记录、收藏偏好等数据，运用智能算法为用户提供个性化的旅游推荐，包括景点、线路、酒店、美食等。在首页或相关推荐板块展示这些个性化推荐内容，提高用户发现心仪旅游产品的概率，增强用户对App的黏性。注重按钮、图标、菜单等交互元素的设计，使其简洁明了、易于操作。采用较大的点击区域和醒目的颜色，方便用户在移动设备上进行操作，减少误操作的可能性。对于一些重要的操作，如预订确认、支付等，添加二次确认提示框，确保用户的操作准确无误。同时，合理运用动画效果和过渡效果，增强界面的流畅性和趣味性，但要避免过度使用导致卡顿或分散用户注意力。考虑到用户在旅行过程中可能会遇到没有网络的情况，开发离线功能，允许用户下载感兴趣的景点介绍、地图导航数据、旅游攻略等内容到本地，以便在无网络环境下依然可以查看和使用，提升用户体验。

东北地区旅游产品标识设计可以突出地域特色元素、体现冰雪主题、结合传统与现代风格、强调体验感和互动性。突出地域特色元素方面，东北有独特的自然风光，如长白山天池、五大连池的矿泉等。可以将这些元素融入标识设计中。例如，以长白山天池的轮廓为外形，或者用五大连池的水纹来构成图案的一部分，使人们看到标识就能联想到东北的自然美景。东北林区有许多珍稀动物，如东北虎、丹顶鹤等。这些动物形象具有很高的辨识度和代表性，可以将它们的形象进行简化或抽象处理后用于标识设计，展现东北的生态特色。东北的民俗文化丰富多彩，如满族的传统服饰图案、二人转的手绢等都可以作为设计元素。还可以将东北的方言词语、传统节日等以文字或图案的形式呈现在标识上，增加地域文化内涵。体现冰雪主题方面，东北冬季的冰雪是一大特色，可设计雪人、冰雕等造型作为标识的主体或辅助元素。例如，将雪人的胡萝卜鼻子、煤炭眼睛等特征进行夸张和艺术化处理，使标识更具趣味性和吸引力。运用蓝色、白色等代表冰雪的颜色作为标识的主色调，营造出寒冷、纯净的氛围，让人一眼就能感受到东北冰雪的魅力。同时，也可以搭配一些明亮的色彩作为点缀，如红色的围巾、彩色的冰灯等增加标识的活力和视觉冲击力。结合传统与现代风格方面，借鉴东北的传统民间艺术形式，如剪纸、皮影戏等的艺术风格和表现手法。采用简洁的线条、夸张的造型、鲜明的对比色等方式，使标识具有浓郁的地方特色和艺术感染力。在保留传统元素的基础上，运用现代的设计手法和理念，对标识进行创新和优化。例如，采用简洁的几何图形组合、流畅的线条、立体的设计等，使标识更符合现代审美和传播需求。

强调体验感和互动性方面，在标识中加入游客的形象或动作，如滑雪的人、玩冰爬犁的人等，突出东北旅游的体验性和娱乐性。通过人物的表情、姿态等传达出游客在东北旅游的快乐和满足感，吸引潜在游客。可以在标识中添加一些互动元素，如二维码、社交媒体图标等。游客扫描二维码可以获取更多旅游信息、优惠活动或参与线上互动游戏，增加游客与旅游产品的互动和黏性。

综上所述，东北地区旅游产品标识设计应深度融合地域特色、冰雪主题、传统与现代风格以及体验感和互动性。这样的标识不仅能够准确传达东北旅游的独特魅力，还能激发游客的兴趣和参与度，推动东北旅游业的发展。

塑造东北地区旅游品牌形象可以通过突出地域特色与文化内涵、提升旅游产品品质与体验、创新营销与推广策略、强化游客互动与参与感来达成。在突出地域特色与文化内涵方面，设计具有东北特色的旅游品牌标识，如融入长白山、雪乡、雾凇岛等标志性景观元素，以及满族、朝鲜族等少数民族传统服饰图案或民俗活动场景，让人一眼就能识别出东北旅游的独特性。深入挖掘东北的历史故事、传说、名人逸事等，将其融入旅游宣传中。比如，讲述努尔哈赤建立后金政权的故事，或者介绍杨靖宇将军在白山黑水间英勇抗战的事迹，让游客在欣赏美景的同时，也能感受东北深厚的历史底蕴和民族精神。

在提升旅游产品品质与体验方面，除了传统的冰雪旅游项目，还应开发更多多元化的旅游产品，如生态旅游、康养旅游、研学旅游、民俗旅游等。例如，推出以长白山自然生态系统为主题的生态研学之旅，让游客在游玩中学习自然科学知识；或者打造具有东北特色的温泉康养度假产品，满足不同游客的需求。加强旅游基础设施建设，提高景区的可达性和接待能力。同时，注重旅游服务质量的提高，加强对旅游从业人员的培训，规范旅游市场秩序，为游客提供更加贴心、周到的服务，让游客在东北旅游时能够感受到舒适和便捷。

在创新营销与推广策略方面，借助微博、微信、抖音、小红书等新媒体平台，开展全方位、多层次的宣传推广。制作精美的短视频、图文攻略等内容，展示东北的自然风光、人文景观和特色美食等，吸引更多游客的关注。还可以邀请知名旅游博主、网红等来东北体验旅游项目，通过他们的影响力进行口碑传播。定期举办各类旅游节庆活动，如哈尔滨国际冰雪节、长春冰雪旅游节、沈阳国际冰雪节等，打造具有影响力的旅游品牌活动。通过活动的举办，吸引大量游客前来参与，同时也能提升东北旅游的知名度和美誉度。东北三省及内蒙古自治区应加强区域间的旅游合作，共同打造跨区域的旅游线路和产品组合，实现资源共享、优势互补。例如，推出关东风情旅游带、白金三角等精品跨区域旅游线路，并通过联合营销的方式，向国内外游客进行推广，提升东北旅游的整体形象。

在强化游客互动与参与感方面，在旅游景区和活动中设置更多的体验式项目，让游客能够亲身参与东北的传统民俗活动、冰雪运动、手工艺制作等项目，增强游客的互动性和参与感。比如，在雪乡安排游客参与雪地篝火晚会、包饺子等活动，让游客更好地融入当地的风土人情。重视游客的意见和建议，建立完善的游客反馈机制。通过问卷调查、在线评论、投诉处理等方式，及时了解游客的需求和不满，以便对旅游产品和服务进行改进和优化，不断提升游客的满意度。

3. 旅游产品定价策略

东北地区旅游产品的成本核算分为直接成本和间接成本。直接成本包含交通费用、住宿费用、餐饮费用和门票费用。交通费用包括游客往返东北的机票、火车票等大交通费用，以及在东北旅游期间的包车费、租车费、公交费等小交通费用。如从北京到哈尔滨的机票，根据淡旺季不同，价格在几百元到上千元不等；当地包车一天的费用可能在几百元左右。住宿费用涵盖酒店、民宿、度假村等各类住宿设施的费用。不同档次的住宿价格差异较大，经济型酒店每晚可能只需几十元到一两百元，而星级酒店每晚则可能上千元。例如，在长白山脚下的一些高端温泉度假酒店，冬季每晚房价可能在500元以上。餐饮费指游客在旅游过程中的餐食消费，包括早餐、午餐、晚餐以及特色小吃等。一般餐厅每餐人均消费可能在几十元到上百元不等，如果品尝当地的高档海鲜或特色美食，费用会更高。门票费用在东北地区有许多著名的景点，如长白山、五大连池、沈阳故宫等，这些景点都需要购买门票。门票价格根据景点的知名度和规模有所不同，一般在几十元到上百元之间。例如，长白山景区门票在100元左右。

间接成本包含市场营销成本、管理费用和固定资产折旧。为了推广东北地区的旅游产品，需要进行广告宣传、参加旅游展会、举办促销活动等，这些都需要投入大量的资金。例如，在电视、报纸、网络等媒体上投放广告，每年的营销费用可能在数百万元甚至上千万元。管理费用包括旅游企业的管理人员工资、办公设备购置、办公场地租赁等。这些费用虽然不直接与某个具体的旅游产品相关，但会分摊到每个产品中，影响产品的成本。旅游企业购买的车辆、设备等固定资产，在使用过程中会逐渐磨损，其价值会通过折旧的方式分摊到产品成本中。例如，一辆旅游大巴车的购置成本可能在几十万元，使用寿命为8～10年，每年的折旧费用为几万元。东北地区旅游产品的价格制定包括成本加成定价法、市场导向定价法、需求导向定价法和竞争导向定价法。成本加成定价法是最常用的定价方法之一，即在产品成本的基础上加上一定的利润来确定价格。例如，某条东北旅游线路的总成本为每人2000元，旅游企业希望获得20%的利润，那么该线路的价格可以定为每人2400元。市场导向定价法根据市场上同类旅游产品的价格来定价。如果市场上其他东北旅游线路的价格普遍在3000元左右，那么新推出的类似线路可以参考这个价格进行定价，以保持竞争力。需求导向定价法根据游客的需求强度来定价。在旅游旺季或对热门旅游产品，由于需求旺盛，可以适当提高价格；而在淡季或对冷门旅游产品，则可以降低价格以吸引更多游客。例如，春节期间的东北雪乡旅游价格会比平时高出很多。竞争导向定价法是通过考虑竞争对手的价格策略来定价。如果竞争对手推出了低价的东北旅游产品，那么企业可以考虑降低自己的价格或增加产品附加值来提高竞争力。

东北地区旅游产品在不同季节、不同套餐的价格调整策略需要综合考虑多方面因素。春季是东北的旅游淡季，气温逐渐回升，自然景观开始复苏，但相较于夏秋季节，游客数量相对较少。此时旅游产品价格应相对较低，以吸引更多游客。推出踏青赏花与民俗体验套餐，将当地的自然景观和民俗文化相结合，如长白山的春雪、大连的樱花等景点门票与当地特色民俗活动体验组合成套餐销售。夏季是东北的旅游旺季之一，气候凉爽宜人，适合避暑度假。特别是一些海滨城市和山区，吸引了大量游客前来消暑。旅游产品价格相对较高，尤其是热门景区和酒店。设计避暑度假与户外运动套餐，结合东北的自然优势和夏季旅游需求，如将哈尔滨的太阳岛、五大连池等避暑胜地与周边的徒步、骑行等户外运动项目组合成套餐。秋季是东北最美的季节之一，色彩斑斓的森林、丰收的田野构成了一幅幅美丽的画卷。游客数量较多，旅游产品价格处于较高水平，特别是一些以观赏秋景为主的景区和线路。打造金秋赏景与文化探秘套餐，将长白山的天池、本溪的枫叶大道等著名秋景与当地的历史文化遗产、民俗风情等相结合，如参观沈阳故宫、体验满族民俗文化等。冬季是东北的旅游黄金季节，丰富的冰雪资源吸引了大量国内外游客。但由于天气寒冷，旅游成本也相对较高，因此旅游产品价格也较高，尤其是春节期间。提供冰雪体验与温泉养生套餐，针对冬季的特色旅游项目，如滑雪、滑冰、雪乡游等，搭配温泉度假产品，让游客在欣赏冰雪美景的同时，也能享受温泉带来的温暖和放松。总的来说，通过以上策略的实施，不仅能够有效应对东北旅游市场的季节变化和消费者需求的多样性，还能提升东北旅游产品的市场竞争力，促进旅游业的可持续发展。

四、产品测试与优化

随着旅游业的发展，文创产品作为旅游纪念品和特色文化的载体，越来越受到游客的喜爱。了解目标客户对东北旅游文创产品的喜好，以便优化产品设计和营销策略，开展体验测试活动。收集目标客户对东北旅游文创产品的使用感受、意见和建议；评估不同类型文创产品的受欢迎程度和市场潜力；了解目标客户的购买意愿和消费习惯，为产品定价和推广提供参考。

产品体验测试的目标客户主要为近期有东北旅游经历或对东北文化感兴趣的人群，具体包括：过去一年内曾到东北地区旅游过的游客，对东北民俗文化、历史遗迹、自然风光等有浓厚兴趣的潜在游客，经常购买旅游纪念品或文创产品的消费者。

在招募方式方面，线上渠道在社交媒体平台发布体验测试招募信息，邀请符合条件的用户报名参与；在旅游论坛、社区等发布招募帖子，吸引目标客户关注。线下渠道在东北热门旅游景区、酒店、旅行社等场所张贴招募海报，发放宣传资料，邀请现场游客参与；与当地旅游协会、高校旅游社团等合作，通过其会员渠道招募体验者。

选取具有代表性的东北旅游文创产品进行体验测试。特色工艺品类，如东北剪纸、满族刺绣、桦树皮制品等。文化创意生活用品类，如带有东北元素的笔记本、书签、马克杯、手机壳等。食品类，如东北特色零食锅巴、麻花等、地方特产木耳、人参等。纪念品类，如以东北著名景点、地标建筑为主题的徽章、明信片、钥匙扣等。

测试内容包括产品外观与包装设计、产品质量与实用性、文化内涵与特色、购买意愿与价格接受度等。在产品外观与包装设计方面，评价产品的整体外观设计是否符合东北特色文化、是否具有吸引力。对产品的包装设计提出意见和建议，包括包装材质、形式、色彩等方面。在产品质量与实用性方面，检查产品的质量，如是否有瑕疵、做工是否精细等。体验产品的实用性，是否符合日常生活或旅游中的实际需求。在文化内涵与特色方面，了解产品所蕴含的东北文化元素和故事，评价其文化内涵的传达效果。分析产品是否能够突出东北地区的独特魅力和文化特色。在购买意愿与价格接受度方面，询问体验者是否有购买该产品的意愿，以及愿意支付的价格范围。

测试流程包括报名阶段、产品发放阶段、体验阶段、反馈收集阶段以及总结阶段。在报名阶段发布体验测试招募信息，明确测试产品、测试要求、报名方式和截止日期等内容。收集报名信息，对报名者进行资格筛选，确定最终的体验测试人员名单。在产品发放阶段，根据体验测试人员名单，通过快递或现场发放的方式，将测试产品寄送给体验者，并附上产品介绍和使用说明。建立体验测试微信群或其他沟通渠道，方便与体验者保持联系，解答疑问。在体验阶段，体验者在规定时间内使用测试产品，并按照测试要求记录使用感受和意见。鼓励体验者通过文字、图片、视频等方式分享自己的体验过程和心得。在反馈收集阶段，向体验者发放在线调查问卷，收集他们对测试产品的详细反馈信息。整理和分析体验者提交的文字、图片、视频等资料，提取有价值的意见和建议。在最后的总结阶段，根据调查问卷数据和体验者反馈信息，进行综合分析和总结。撰写体验测试报告，包括测试概况、产品评价结果、市场潜力分析、改进建议等内容。

1. 现状分析

首先在产品优势方面，具有丰富的文化内涵。东北旅游文创产品融合了东北独特的民俗文化、历史遗迹和自然风光等元素，如满族剪纸、东北虎图案、长白山风光等，能够吸引游客对东北文化的深入了解。多样化的产品形式涵盖了特色工艺品、文化创意生活用品、食品、纪念品等多个品类，满足了不同游客的需求和喜好。其次具有一定的市场基础部分，东北旅游文创产品在市场上已经获得了一定的认可，如哈尔滨的冰雪主题文创产品、沈阳的故宫文化纪念品等，具有一定的销售业绩。

存在问题方面，设计缺乏创新部分文创产品的设计理念较为传统，缺乏时代感和创新性，难以吸引年轻消费者的关注。例如，一些产品的图案和造型较为陈旧，没有与现代审美趋势相结合。质量参差不齐，由于生产厂家和销售渠道的多样性，部分文创产品存在质量问题，如做工粗糙、材质劣质等，影响了产品的口碑和形象。品牌影响力不足，缺乏具有代表性和影响力的东北旅游文创品牌，产品品牌知名度较低，在市场上缺乏竞争力。同时，品牌营销和推广力度不够，导致很多优质产品不为人知。价格体系不合理，部分文创产品价格偏高，超出了游客的心理预期，导致购买意愿降低。而另一些产品则价格过低，无法体现其文化价值和创意设计成本。销售渠道有限，主要依赖旅游景区内的店铺进行销售，渠道单一，限制了产品的销售范围和市场份额。同时，线上销售渠道的建设也相对滞后，无法满足现代消费者的购物习惯。

2. 优化与改进目标

提高产品设计水平，增强产品的创新性和吸引力，使产品更符合现代消费者的审美需求。加强产品质量监管，确保产品质量稳定可靠，提高产品的品质感。打造具有影响力的东北旅游文创品牌，提高品牌的知名度和美誉度，增强市场竞争力。建立合理的价格体系，根据产品成本、市场需求和竞争状况，制定合理的价格策略，提高产品的性价比。拓宽销售渠道，实现线上线下全渠道销售，提高产品的市场覆盖率和销售量。

3. 具体优化与改进措施

在设计创新与优化方面，组建专业设计团队邀请知名的文创设计师、高校艺术专业师生等组成设计团队，深入挖掘东北文化内涵，结合现代设计理念和时尚元素，进行产品的创新设计。例如，将东北民俗文化与现代动漫、游戏等元素相结合，开发出具有趣味性和互动性的文创产品。开展设计竞赛和定期举办东北旅游文创产品设计竞赛，吸引社会各界的设计人才参与，激发创意灵感。同时，加强与企业、高校、科研机构等的合作，共同开展产品设计研发项目，充分利用各方资源，提高设计水平。注重用户体验设计，在产品设计过程中充分考虑用户的实际需求和使用体验。例如，开发具有实用功能的文创生活用品，如带有东北特色的手机支架、钥匙扣等；设计方便携带和保存的旅游纪念品，如小型的拼图、明信片套装等。

在质量控制与提升方面，建立质量标准体系制定东北旅游文创产品的质量和工艺标准，明确产品的各项技术指标和质量要求。加强对生产企业的质量监管，定期进行检查和评估，确保产品符合质量标准。选择优质生产合作伙伴与具有良好信誉和生产资质的企业建立长期合作关系，确保产品的生产工艺和质量得到有效控制。对原材料的采购进行严格把关，选择优质的材料，保证产品的品质。引入第三方质量检测机构定期委托专业的第三方质量检测机构对产品进行检测，出具权威的检测报告，确保产品的质量安全和合格。对于不合格产品，及时进行整改或下架处理。

在品牌建设与推广方面，打造统一品牌形象的东北旅游文创品牌标识和包装风格，突出东北特色文化元素，形成鲜明的品牌个性。通过品牌故事、品牌文化的传播，提升品牌的文化内涵和附加值。加强品牌宣传推广，在线上建立官方网站和电商平台，展示和销售东北旅游文创产品，通过搜索引擎优化、社交媒体营销、网络广告等方式，提高品牌的知名度和产品的曝光度。利用短视频平台、直播带货等新兴营销方式，进行产品宣传和推广。邀请网红博主、旅游达人等进行产品体验和分享，吸引更多消费者关注。与在线旅游平台合作，将文创产品推荐给更多的游客，借助其庞大的用户基础，扩大产品的销售市场。线下在旅游景区、酒店、机场、火车站等人员密集场所设置品牌专卖店或专柜，展示和销售文创产品，提高品牌的展示度和影响力。参加国内外各类旅游展会、文化博览会、创意市集等活动，展示东北旅游文创产品的独特魅力，拓展国内外市场。与旅行社合作，将文创产品纳入旅游线路中，作为特色旅游纪念品推荐给游客，增加产品的销售渠道。培育品牌文化，通过举办品牌文化活动、发布品牌文化资讯等方式，培育品牌的文化氛围和粉丝群体。鼓励消费者参与品牌文化建设，增强消费者对品牌的认同感和忠诚度。

在价格策略调整方面，成本核算与定价对文创产品的成本进行全面核算，包括设计研发成本、生产成本、营销成本、运输成本等，在此基础上，结合市场需求和竞争状况，制定合理的价格体系。确保产品价格既能体现其文化价值和创意设计成本，又能满足游客的购买能力和心理预期。差异化定价策略根据产品的种类、品质、功能等因素，实行差异化定价。对于高端、限量版的文创产品，可以适当提高价格，以体现其稀缺性和独特性；对于普通大众消费的文创产品，可以采用适中的价格策略，以吸引更多消费者购买。促销定价策略，定期开展促销活动，如打折优惠、满减活动、买一送一等，吸引消费者购买。在旅游淡季或特殊节日期间，推出特别的促销套餐，提高产品的销售量。

在销售渠道拓宽方面，旅游景区销售网络优化，在现有旅游景区内，对文创产品销售店铺进行合理布局和装修升级，提升店铺的形象和购物环境。加强与景区管理部门的合作，争取在景区的热门景点、游客服务中心等位置设置更多的销售点，方便游客购买。

在线上销售渠道建设方面，完善官方电商平台的功能和用户体验，优化产品展示、购物流程、支付方式等环节，提高平台的运营效率和销售转化率。拓展第三方电商平台合作，如淘宝、京东、拼多多等，开设官方旗舰店，借助其流量优势扩大产品的销售范围。利用社交媒体平台开展电商营销，通过微信小店、抖音小店等方式，直接向消费者销售产品，实现社交电商与文旅产品的融合发展。与文化场馆、博物馆、图书馆等合作，在其内部设立文创产品销售专区，将东北旅游文创产品推广到更广泛的文化消费场所。与企业、学校、机关等单位合作，开展团购业务，将文创产品作为礼品或福利进行销售。参加海外文化交流活动和旅游展会，将东北旅游文创产品推向国际市场，拓宽海外销售渠道。

4. 实施计划与保障措施

短期内完成设计团队的组建和设计竞赛的策划工作，启动部分重点产品的创新设计。制定质量标准体系和选择优质生产合作伙伴，对现有产品进行质量检查和整改。完成品牌形象设计和品牌宣传推广方案的制定，开始在部分渠道进行品牌推广。建立官方电商平台，优化线上销售渠道，并入驻部分第三方电商平台。拓展旅游景区内的销售网络，新增部分销售点。

中期持续推进产品设计创新工作，推出一系列具有市场竞争力的新产品。加强质量监管力度，确保产品质量稳定可靠，引入第三方质量检测机构进行定期检测。加大品牌宣传推广力度，提高品牌知名度和美誉度，在国内旅游市场形成一定的影响力。完善线上销售渠道的功能和服务，拓展更多的第三方电商平台合作，开展社交电商营销活动。进一步优化旅游景区内的销售网络，提高店铺形象和服务水平。同时，拓宽其他销售渠道，如文化场馆、企业团购等。

长期打造具有国际影响力的东北旅游文创品牌，将产品推向国际市场，拓宽海外销售渠道。持续创新产品设计和开发，丰富产品种类和系列，满足不同消费者的需求。加强品牌的文化建设和粉丝群体培育，形成稳定的消费群体和良好的品牌口碑。不断优化价格策略和销售渠道，保持产品的市场竞争力和盈利能力。

在组织保障方面，成立东北旅游文创产品优化与改进工作领导小组，由政府相关部门、旅游景区、文创企业等负责人组成，负责统筹协调和指导推进各项工作。明确各部门的职责分工，确保工作落实到位。在政策支持方面，政府出台相关政策，支持东北旅游文创产业的发展。包括财政扶持政策、税收优惠政策、金融信贷政策等，鼓励企业加大在设计研发、生产销售等方面的投入。在人才培养方面，加强文创设计、生产管理、市场营销等方面的人才培养，通过举办培训班、研讨会等形式，提高从业人员的业务水平和综合素质。同时，引进国内外优秀的文创人才，为产业发展提供人才支撑。在资金投入方面，政府和企业加大对东北旅游文创产业的资金投入，设立专项发展基金，用于支持产品设计创新、品牌建设、质量提高、市场推广等方面。同时，鼓励社会资本参与投资，拓宽资金来源渠道。

五、售后服务与持续创新

1. 售后服务的重要性

提高消费者满意度，良好的售后服务能够解决消费者在购买和使用产品过程中遇到的问题，消除他们的疑虑和不满，从而提高对产品和品牌的满意度。例如，当消费者购买的东北旅游文创产品出现质量问题时，及时有效的售后服务可以让消费者感受到商家对他们的重视和负责，增强他们对品牌的信任。增强品牌忠诚度，如果消费者在购买后能得到优质的售后服务，他们更有可能再次选择该品牌的产品，并且会向身边的人推荐。对于东北旅游文创产品来说，通过口耳相传，可以扩大品牌的影响力和市场份额，培养一批忠实的消费者群体。促进产品改进，在售后服务过程中，消费者会反馈产品存在的各种问题和不足。这些反馈信息对于企业来说是宝贵的资源，能够帮助企业了解产品的实际情况，进而对产品进行有针对性的改进和优化，提高产品质量和竞争力。

2. 售后服务的内容与措施

建立完善的退换货制度，明确退换货的条件和流程，如在产品存在质量问题、与描述不符等情况时，消费者可以在规定的时间内无条件退换货。对于一些定制化的文创产品，如果没有质量问题但消费者不满意，也可以提供一定的退换货服务，但可能需要消费者承担部分费用。简化退换货手续，方便消费者操作。可以通过线上渠道或线下门店进行退换货申请，工作人员要及时处理消费者的申请，缩短退换货时间，提高消费者的体验。

提供产品维修与保养服务，对于一些具有实用功能的东北旅游文创产品，如木质的工艺品、机械装置类玩具等，提供维修服务。可以设立专门的维修网点或与专业的维修机构合作，确保维修质量和效率。为消费者提供产品的保养指南和建议。比如，如何正确清洁、存放具有东北特色的皮草装饰的文创产品，如何保养金属材质的纪念品等，延长产品的使用寿命。

设立客户咨询与投诉渠道，开通多种咨询渠道，如电话、邮箱、在线客服等，方便消费者在购买前、使用中以及售后遇到问题时能够及时联系到企业。客服人员要具备专业的知识和良好的服务态度，能够准确回答消费者的问题，提供合理的解决方案。对于消费者的投诉，要认真倾听并及时处理。建立投诉处理机制，对投诉问题进行分类、分析，将处理结果及时反馈给消费者，并对投诉较多的问题上报到相关部门，以便采取相应的改进措施。

开展用户满意度调查，定期对购买东北旅游文创产品的消费者进行满意度调查，可以通过线上问卷、线下访谈等方式收集消费者的意见和建议。调查内容包括产品质量、设计风格、价格合理性、售后服务等多个方面。根据调查结果，总结消费者的需求和期望，找出存在的问题和不足，有针对性地进行改进和提升，持续提高产品和服务质量。

3. 持续创新的意义

满足消费者不断变化的需求，随着时代的发展和消费者审美观念、消费习惯的变化，对东北旅游文创产品的需求也在不断变化。只有持续创新，才能跟上市场变化的节奏，满足消费者日益多样化和个性化的需求，吸引更多的消费者购买。提升产品竞争力，在激烈的市场竞争中，不断创新的产品更容易脱颖而出。通过创新设计、工艺、功能等方面，东北旅游文创产品可以形成独特的竞争优势，与其他地区的文创产品形成差异，从而提高市场占有率。推动文化传承与发展，东北旅游文创产品承载着东北地区的文化内涵，持续创新有助于将这些文化以更加生动、新颖的方式展现出来，让更多的人了解和认识东北文化，推动文化的传承和发展。

4. 持续创新的方向与策略

在文化内涵创新方面，深入挖掘东北地区的文化资源，不局限于传统的民俗文化，还可以将东北的工业文化、红色文化等融入文创产品设计中。例如，以东北老工业基地的机器零件、工具等为元素，设计具有工业风的文创产品；以东北抗联的历史故事为主题，创作系列文创作品。结合当代文化热点和流行趋势，对东北文化进行新的诠释和表达。比如，将东北方言与现代网络文化相结合，设计出具有幽默风趣风格的文创产品；或者以东北特色美食为基础，打造美食文化主题的文创系列。

在产品设计创新方面，在外观设计上，不断探索新的风格和形式。可以借鉴国际流行的设计趋势，同时保持东北特色，设计出既时尚又具有地域文化韵味的产品。例如，将东北传统图案与现代简约设计手法相结合，创造出独特的视觉效果。创新产品的功能和用途。除了常见的装饰性、纪念性功能，开发一些具有实用性和互动性的文创产品。比如，设计带有东北特色音乐播放功能的工艺品，或者可以拼接组合的文创积木等。

在材料与工艺创新方面，尝试使用新型材料来制作东北旅游文创产品，以带来不同的质感和体验。例如，利用环保可降解材料制作文创产品，既符合现代环保理念，又能为产品赋予新的特性；或者采用具有特殊纹理和光泽的新型面料，提升产品的档次。引入先进的制作工艺，提高产品的质量和精细度。如利用3D打印技术制作具有复杂造型的文创产品，或者采用激光雕刻工艺在产品表面呈现精美的图案和文字。

在营销与推广创新方面，创新营销模式，利用互联网和社交媒体平台开展多样化的营销活动。例如，通过直播带货、短视频推广等方式，展示东北旅游文创产品的特色和魅力；举办线上文创产品设计大赛，吸引广大消费者参与和关注。加强与旅游机构、文化场馆的合作，开展联合推广活动。比如，与旅行社合作推出“东北文创之旅”专线，将文创产品与东北旅游线路相结合；在博物馆、美术馆等文化场所举办文创产品展览和销售活动，提高产品的曝光度和影响力。

第五章　东北旅游文创产品设计实践

一、长白山天池主题文创产品设计

长白山天池位于吉林省东南部长白山自然保护区内，是中国和朝鲜的界湖，双方各拥有一部分水域，是松花江、鸭绿江以及图们江的发源地。南北长约4400米，东西宽约3370米，水面面积9.82平方千米，周长13.1千米。最深处为373米，平均深度204米。天池湖的水深幽清澈，群峰环抱的池面五彩斑斓，蔚为壮观。

将长白山冰雪主题元素融入产品外观设计及包装设计中，把文化、创意与技术融合到游客体验的过程中，挖掘出与游客内心需求产生共鸣的信息，可以有效塑造和传播旅游形象和城市形象，提升传统旅游产业的影响力、带动力，提升旅游产业素质。

本次设计元素选定为长白山天池，提取长白山天池等高线图，对图像进行艺术处理。为长白山天池等高线图，实际图纸线条间距视觉效果欠佳，因而可将现有图案进行艺术化处理，形成既能体现长白山天池元素又具有视觉欣赏价值的纹样。在原有图纸基础上进行黑白线条的艺术化处理，完成图形处理后再根据长白山天池主题进行色彩搭配（如图5-1）。此处景色以蓝色作为主基调，因而将蓝色作为主视觉色彩，冬季天池的雪景是此地特色，因而将灰白色调及模拟粉雪的肌理感赋予作品（如图5-2）。在完成基本视觉图的基础上，开始进行产品设计及产品包装设计，产品为天然植物手工皂，主要成分是长白山地区的景天科植物花卉。如何能够将产品造型、特色花卉、长白山天池及东北特色元素同时融入产品设计就成为方案设计的重点。

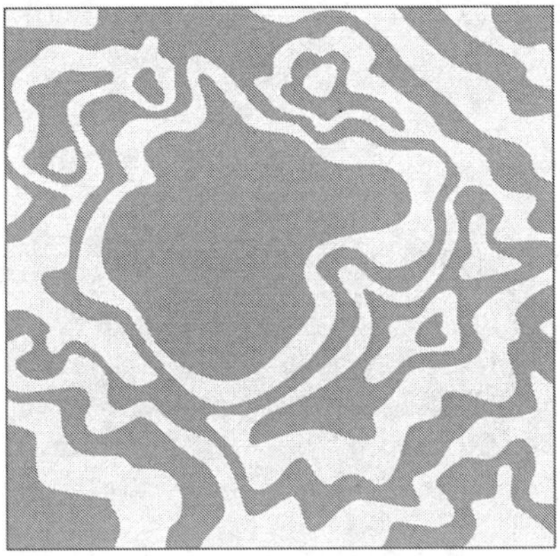

图5-1　长白山天池等高线设计图黑白稿

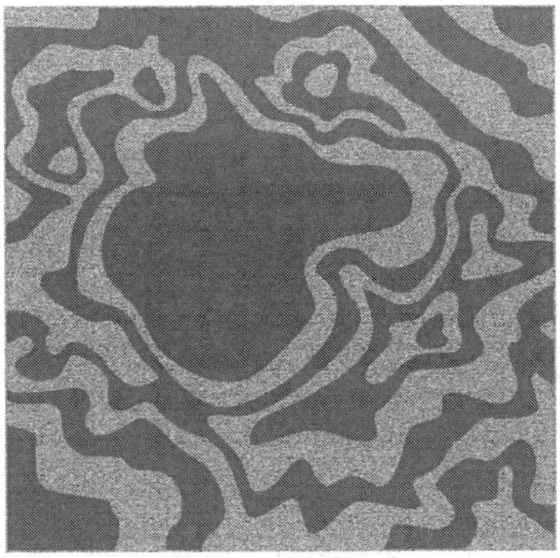

图5-2　长白山天池等高线设计图彩色稿

从长白山冰雪主题中提取设计元素，将冰雪和产品主要成分中的高山红景天纹样提取出来并抽象处理，形成设计纹样。吉林省的粉雪极具特色，将雪花元素融入产品造型中，在圆形皂面上进行图案设计。雪花的形状是由多种因素共同作用形成的，不同条件作用下产生的冰晶类型也不同，雪花形状的形成是一个复杂的过程，是温度、湿度、气流和空气动力学条件等多种因素共同作用的结果。根据上述条件将实际形成雪花的形状进行艺术化处理，如图5-3所示是设计完成的雪花纹样。根据产品加工工艺的特点选定更为适合制作的样式，最终确定12款雪花纹样作为产品样式（如图5-4）。

图5-3 雪花设计纹样（20款）

图5-4 雪花设计纹样（12款）

将从冰雪元素中提取的纹样融入产品设计中，将融入了高山红景天植物图案和雪花图案设计生成的图形进行视觉化处理，作为手工皂产品上表面凸出图案，颜色使用能够代表冰雪元素的蓝色。产品的形状根据用户使用习惯选定为圆柱形，根据人体工程学将尺寸确定为直径70毫米，由于产品工艺特点将厚度定为27毫米，考虑到制作脱模及损耗的特点将雪花镂空图案厚度定为2毫米，最终产品尺寸的形成既便于生产也便于使用，图5-5为产品效果图。

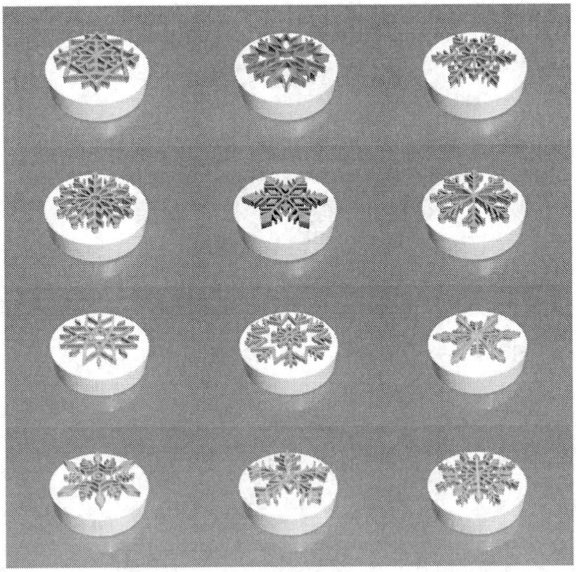

图5-5　雪花纹样手工皂产品效果图

产品包装设计分为产品外包装手提袋、产品包装礼盒和产品包装盒。产品外包装手提袋设计中使用了两个主要设计元素（如图5-6），一面为长白山脉纹理抽象图，另一面为高山红景天植物抽象图。产品包装礼盒设计成天地盒的样式（如图5-7），正面图案为长白山天池等高线抽象图。产品包装盒设计成抽拉盒的样式（如图5-8），正面为产品中的雪花纹样，背面为长白山北坡十二景简介，长白山北坡十二景分别为神兽天池、金蟾卧峰、长白飞瀑、冰谷大峡、龙涎温泉、地下奔河、绿水渊潭、小有天池、地下森林、冰水寒泉、浮石成林、美人松逸。

图5-6　长白山天池主题文创产品手提袋包装

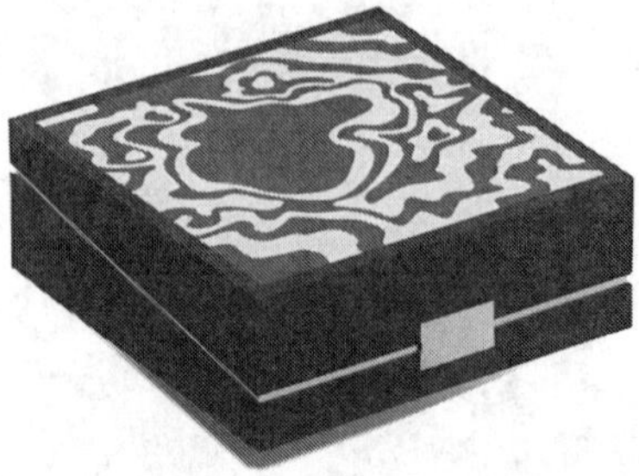

图 5-7　长白山天池主题文创产品天地盒包装

图 5-8　长白山天池主题文创产品抽拉盒包装

二、长白山高山红景天纳米冷制皂产品设计

以长白山天池作为主要设计元素，对冷制皂进行产品造型设计及产品外包装设计。根据长白山天池实景效果进行图像设计，选取视觉效果较好的角度对局部景观进行图案提取及设计。将选定的场景进行扁平化设计，通过二维线条的勾勒和艺术化手段处理，形成单色线稿。绘制过程中根据实际场景的位置、转折变化、材质粗糙程度等因素，对绘制线条的粗细、长短、转折位置及虚实程度进行处理，形成最终方案图纸（如图 5-9）。主题设计稿完成后，将其分别运用到产品造型设计及产品包装设计中。由于当地特色药用植物高山红景天的成分呈现出的颜色为米黄色，因而对于产品造型设计上以设计纹样作为主要展示的方式。由于产品本身为正方形，

如果将完整的长白山天池纹样运用到一个产品中无法全面展示其特点，因而本次设计中将完整的设计图拆分为四个部分，分别放入相应的产品造型中，形成四个单品组合形成一个系列产品的效果（如图5-10）。虽然每个单品造型呈现出的是长白山天池局部场景效果，但图案的设计也能够将画面设计成一个完整的画面（如图5-11）。在产品的包装设计上呈现了黑白色调的两套方案（如图5-12），这样可以根据受众群体的喜好进行选择。

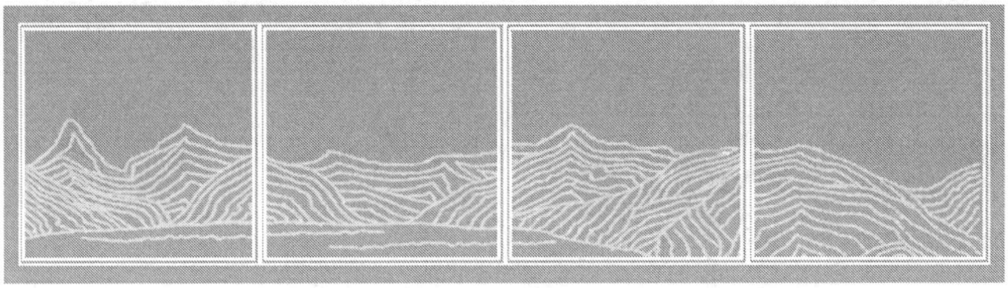

图5-9　长白山天池纹样设计

图5-10　长白山天池主题冷制皂产品效果图1

图5-11　长白山天池主题冷制皂产品效果图2

图 5-12　长白山天池主题冷制皂产品外包装效果图

三、吉林省特色非遗书签产品设计

吉林省的非物质文化遗产以传统音乐、民俗、曲艺类为主体，传统技艺、传统美术类次之，传统戏剧、传统舞蹈和民间文学排在第三层次，这与中国非遗在类型上以传统技艺、传统戏剧为主体的结构特征有所区别，体现了吉林省非物质文化遗产在类型结构上的独特性。在民族文化方面，少数民族的非遗数量丰厚，占据主体地位，多民族交融共生，具有显著的少数民族文化特色。但少数民族的非遗类型有不均衡发展的现象。将朝鲜族文化融入产品设计中，把朝鲜族文化带入生活中，让更多人了解朝鲜族文化。朝鲜族人民具有悠久而优美的民族文化艺术传统，尤其是能歌善舞，节日或劳动之余喜欢用歌舞来表达情感。伽椰琴弹唱、顶水舞、扇子舞、长鼓舞、农乐舞等都是受人喜爱的传统歌舞节目。朝鲜族舞蹈优美典雅，其舞姿或柔婉袅娜，如仙鹤展翅，如柳枝拂水；或刚劲跌宕，活泼潇洒，反映了明朗激昂与细腻委婉、含蓄深沉的民族性格，所以设计的主要来源便是朝鲜族服饰及舞蹈。

产品 1：书签整体造型采用圆形作为框架，设计的主体形象为一个穿着朝鲜族传统服饰的女性形象，人物端坐其中妆造讲究，周围装饰的纹样提取于朝鲜族传统服饰的纹样。书签整体材质选用了金属材质作为主要制作材料。朝鲜族色彩鲜艳明亮，因而在产品制作工艺方面选择了烤漆工艺，这样可以更好地凸显其色彩搭配的效果。从产品本身的使用需求考虑，在书签上做了一个花卉纹样的吊坠。（如图5-13）

图5-13　非遗书签设计产品效果图1

产品2：书签造型设计主体为一个正在跳舞击鼓的朝鲜族男性，通过人物大幅度的舞蹈动作展现其肢体的美感及其民族服饰的特点，同时运用传统纹样、乐器、服饰及音乐元素作为点缀，展现了美好欢快的氛围。产品整体材质选用了金属材质作为主要制作材料，通体金属镂空的设计不失美感的同时也体现了简单大方的特点。（如图5-14）

图5-14　非遗书签设计产品效果图2

在产品包装设计上采用与产品本身色彩相似的金色和白色作为主色调，图5-15为产品包装设计，图5-16为产品外包装礼盒设计。

5-15　非遗书签外包装设计效果图1

图5-16　非遗书签外包装设计效果图2

四、长白山野山参主题产品IP形象设计

产品IP形象命名为“鹿小萌”（如图5-17），灵感来源于中国东北地区著名的长白山脉及其丰富的自然资源。长白山是中国东北部的一座名山，拥有壮丽的自然风光和深厚的文化底蕴。在这里，鹿被视为吉祥和幸运的象征，因此我们选择了一只可爱的鹿角帽作为主角的装饰元素，以此表达对当地传统文化的尊重和传承。

图5-17　鹿小萌IP形象设计图

鹿小萌身上的服饰色彩鲜艳且富有活力，这与长白山地区的民俗风情相得益彰。橙色和黄色的衣服象征着丰收和温暖，让人想起秋天满山遍野的枫叶美景。同时，他手中捧着人参则体现了当地人对生态平衡和可持续发展的重视。人参自古以来就是长白山区重要的经济作物之一，被誉为“百草之王”，具有很高的药用价值。通过描绘这样的场景，我们希望能够唤起人们对环境保护的关注，并倡导绿色生活理念。IP形象设计过程中，充分考虑人物形象不同角度的视觉效果，无论从正面、侧面、背面都有设计的内容（如图5-18），最终得到了一个既活泼生动又具有地方特色的形象。

图5-18　鹿小萌IP形象三视图

五、东北年文化主题文创产品设计

在吉林省的非物质文化遗产中，与财神爷相关的文化主要通过民间文学、传统舞蹈、传统手工技艺等艺术形式体现和传承。例如，在东北大鼓的表演中会讲述与财神爷相关的故事，人们通过生动的语言和韵律，描绘人们祈求财富的愿望。满族剪纸是吉林省的非物质文化遗产，其作品中常常会出现财神爷的形象，这些剪纸作品不仅具有较高的艺术价值，也反映了人们对于美好生活的向往。通常人们会在过年的时候供奉祭拜财神爷，因而可以将财神爷的形象与新年用品相结合，这里我们将载体选定为新年糖果。

产品1：在寻找设计灵感的过程中，选定以下几个关键词：五颜六色、喜庆、财神爷、乐高积木。首先，产品属性决定其更受小朋友的喜爱，我们将小朋友喜欢的糖果和乐高积木结合起来便更能吸引小朋友。其次，新年应该选择较为喜庆的色彩，除了红色我们还将糖果包装的颜色赋予更多鲜艳的色彩，让产品整体看起来是五颜六色的。通过以上设计元素的运用，最终产生了我们的新年糖果礼盒（如图5-19）。

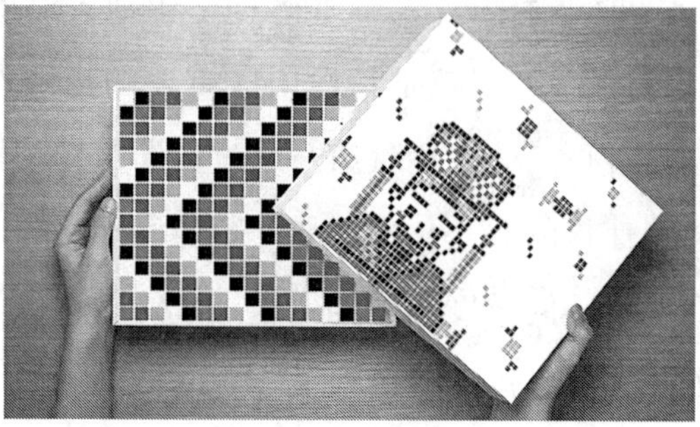

图5-19　财神爷主题新年糖果礼盒

产品2：产品中的主体图案为年节中非常具有形象特点且与糖果元素密切相关的灶王爷形象，灶王爷在传统木版年画中极具代表性且与人们的日常生活较为贴切，是人们对生活的乐观态度和对未来美好憧憬的一种体现。在设计过程中将人物形象进行夸张化处理，头大身小且表情丰富，通过色彩和纹样的提取并适当加入现代生活元素，让使用者体验传统文化的同时也能感受熟悉的现在生活氛围。其中，传统绘画中灶王爷的色彩主要以红色、黄色、绿色、紫色为主，出现在服装中的色彩以红色、紫色居多，黄色、绿色作为搭配色彩和纹样装饰使用居多。创作中借鉴传统图案中的色彩对比关系，将原有红绿、黄紫、黑白的强烈色彩对比关系调整为统一、整体、温和的灰色调色彩关系，以此表达当代社会人们追求和谐统一的思想情感（如图5-20）。

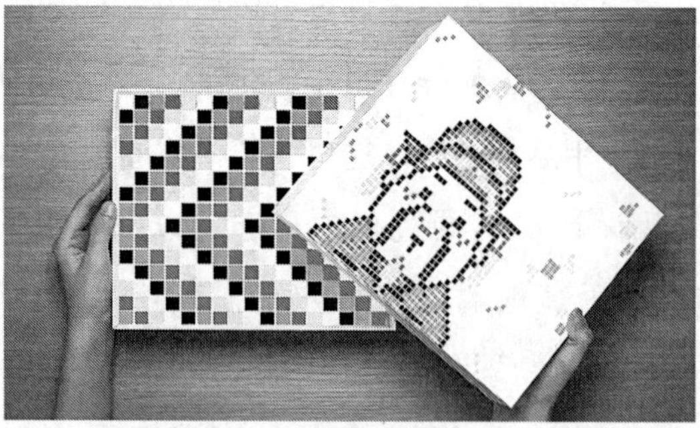

图5-20　灶王爷主题新年糖果礼盒

六、校园主题文创产品设计

产品1：设计来源于吉林农业大学校园主题元素，校园中以建筑形式最具有特色，包括行政楼、综合教学楼、蓝湖凉亭等，整体采用国风插画的形式进行表现。国风插画是中国传统文化与现代插画艺术的有机结合，涵盖山水、宫廷、花鸟、民俗等中国古代各方面内容，展现自然和人文景观，蕴含丰富的传统文化内涵。追求意境和气韵，注重情感表达与细节刻画。受中国传统绘画影响，如水墨画和工笔画，人物、动物和景物常被简化和抽象化，以突出整体的美感和艺术效果。运用线条变化、色彩对比、节奏感和对称感等表现形象和情感；还善于运用贴纸、文字和装饰元素等增加作品的层次感和趣味性。

吉林农业大学，坐落于吉林省长春市，不仅学术氛围浓厚，校园环境也十分优美。元素提取选定行政楼作为主元素，搭配综合教学楼及蓝湖凉亭穿插于行云流水中，以东北农作物作为装饰点缀（如图5-21）。根据产品本身的需求将插画中的装饰元素进行二次创作及图像设计处理，形成一组以圆形为底图的图案（如图5-22）。将插画运用到产品设计中，通过笔记本、保温杯、帆布袋、冰箱贴等具有使用功能的产品呈现出来（如图5-23）。

图5-21　校园主题国风插画

图5-22　校园主题国风插画装饰元素

图5-23　校园文创产品

产品2：蓝湖主题书签设计，设计元素来源于吉林农业大学校园东侧湖畔，产品中心呈现出一座中式凉亭，由攒尖顶、飞檐、蓝色琉璃瓦、圆形断面柱等特色元素组成。亭子一侧配有景观石，背景云雾缭绕，飞檐处垂下杨柳，夕阳映照着湖水波光粼粼，配以不同色彩的中式流苏作为装饰吊坠。产品采用金属材质勾勒画面边缘，流苏上配有中国结、玉珠和缠绕固定的金线，背景板印有“蓝湖夕照”的字样，简洁而不失细节。（如图5-24）

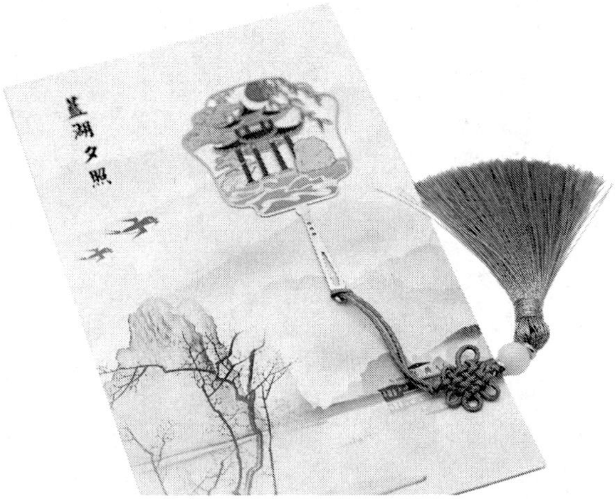

图5-24　蓝湖凉亭主题文创产品

产品3：校园手绘地图的用途非常广泛，可以帮助学生、教职工和外来访客快速找到校园内的各个建筑物、景点和设施的位置。通过地图上的标记和路径指引，人们可以更轻松地在校园内行走，避免迷路。对于学校举办的各种活动，如运动会、文化节、艺术节等，校园手绘地图可以用来规划场地布置、交通路线等，确保活动的顺利进行。同时，地图还可以帮助组织者更好地安排人员和资源，提高工作效率。校园手绘地图可以作为学校的宣传材料之一，向外界展示学校的环境、设施和文化氛围。通过精美的地图设计，可以提高学校的知名度和美誉度，吸引更多的潜在学生和合作伙伴。对于学生来说，参与绘制校园手绘地图的过程本身就是一种学习和实践的机会。他们可以通过实地考察、资料收集和创意设计等方式，了解校园的历史、文化和特色。这种实践活动有助于培养学生的观察力、创造力和团队协作能力。

校园手绘地图设计元素主要来源于吉林农业大学校园中的动植物，校园中随处可见的松鼠经常与同学们互动，校园活动中经常会飘起氛围感拉满的气球，围绕在各个楼宇中整齐排列的松树，都成了校园手绘地图的设计元素（如图5-25）。

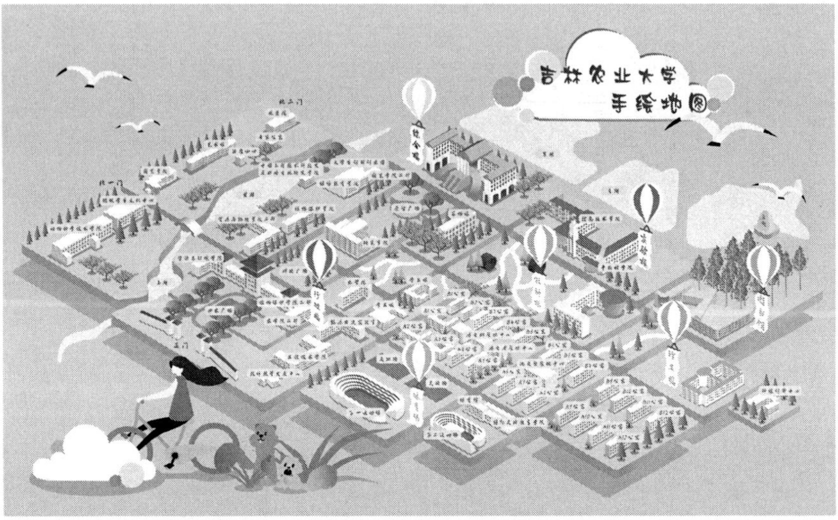

图5-25　校园手绘地图

参考文献

[1]周承君，何章强，袁诗群 . 文创产品设计 [M]. 北京：化学工业出版社，2020.

[2]张丽梅 . 冰雪旅游策划 [M]. 哈尔滨：哈尔滨工业大学出版社，2011.

[3]董敏，毛斌，李榕静 . 旅游文创产品设计：以山东省旅游文创产品为例 [M]. 北京：化学工业出版社，2023.

[4]滕水生 . 旅游文创产品设计研究 [M]. 北京：中国纺织出版社，2024.

[5]钟蕾，李杨 . 文化创意与旅游产品设计 [M]. 北京：中国建筑工业出版社，2015.

[6]夏梦 . 旅游文创产品设计方法研究 [J]. 鞋类工艺与设计，2022（12）：58-60.

[7]姚田田 . 基于地域文化元素的旅游文创产品设计研究 [J]. 大观，2024（22）：59-61.

[8]郎丽娟，孙斌宾 . 基于体验的城市旅游文创产品设计策略研究 [J]. 大众文艺，2024（8）：22-24.

[9]刘莹璐 . 新时代背景下的旅游文化产品设计研究 [J]. 漫旅，2023（10）：58-60.

[10]朱琦 . 国潮装饰图案在旅游文创产品设计中的应用 [J]. 西部皮革，2022（9）：1-3.